FILOSOFÍA DE LA ELOCUENCIA

ANTONIO DE CAMPMANY Y DE MONTPALAU

ÍNDICE

Prólogo 1

INTRODUCCIÓN

Calidades del talento oratorio 13
Sabiduría 16
Gusto 18
Ingenio 21
Imaginación 24
Sentimiento 29

TRATADO DE LA ELOCUCIÓN ORATORIA

Parte I
DE LA DICCIÓN

1. Composición 37
2. Elegancia 41
3. Número oratorio. 46
4. Propiedad de la dicción. 48
5. Elección de las palabras. 54

Parte II
DEL ESTILO

6. Orden 63
7. Claridad 65
8. Naturalidad 67
9. Facilidad 69
10. Variedad 70
11. Precisión 72

12. Dignidad.   73
13. Artículo I. De los pensamientos   74
14. Artículo II. Del estilo oratorio considerado en sus tres géneros   87

Parte III
DE LA EXORNACIÓN DE LA ELOCUENCIA

15. Artículo I.- De los tropos   103
    I.- Tropos de dicción   106
    II. Tropos de pensamiento   115
16. Artículo II. De las figuras.   124
    I. Figuras de dicción   126
    II. Figuras de sentencia   131

APÉNDICE

Definición   163
Similitud   165
Comparación   169
Disparidad   171
Paralelos   172

PRÓLOGO

Si por la palabra *Elocuencia* hemos de entender el arte de exaltar el patriotismo, moderar las costumbres, y dirigir los intereses de la sociedad, es preciso confesar que los antiguos llevan grandes ventajas a los modernos; o por decirlo mejor, son hoy nuestra admiración, ya que no pueden ser nuestro modelo. Pero si ceñimos su sentido primitivo y general a la Elocución, a cuyos efectos debieron su crédito y autoridad los caudillos antiguos, y los primeros oradores su triunfo, habremos de convenir en que las lenguas vulgares, aunque menos ricas, flexibles, y harmoniosas que la griega y romana, han producido escritores, iguales a los de aquellos tiempos en la nobleza, gracia, y colorido de la expresión, cuando no superiores en la elevación, grandeza, y verdad de las ideas. Y como éstas permanecen siempre inalterables, podemos apreciarlas mejor que la dicción, que se desfigura, o se pierde en las traducciones.

En muchos oradores de la antigüedad leemos los pleitos comunes de nuestros abogados: pretensiones privadas, hechos domésticos, agravios personales, pruebas legales, lenguaje ordinario, detalles prolijos, capaces de hacer bostezar a quien no sea juez, parte, o patrono. Sólo las plumas de Salustio y Tácito saben hacer interesantes las cosas más menudas, y dar grandeza a los hechos mas pequeños, no por la expresión con que los visten, sino porque siempre los presentan con relacion a la política, y a las revoluciones del Imperio Romano. Confesemos, pues, que sólo un ciego entusiasta de todo lo que no se piensa, dice, y hace en su tiempo puede encontrar dignidad, hermosura, e interés en la mayor parte de aquellas causas forenses, que no podían conmover sino al que temía o esperaba de la sentencia de sus juicios. Nuestros Tribunales Supremos, los de Francia, e Inglaterra producen Magistrados sabios y celosos, que en defensa de la justicia, de la propiedad civil del hombre, y del derecho de la Soberanía han hecho brillar la eficacia y gravedad de la elocuencia. Pero estos hombres viven con nosotros, hablan nuestra lengua, tienen nuestros defectos; y esto basta para no ser leídos, ni celebrados.

Los antiguos se miran en perspectiva; no son de carne y sangre a los ojos de la imaginación. Con el transcurso de los siglos han depuesto todo lo grosero, y sólo ha quedado lo espiritual: el individuo en abstracto. Así alma, genio, espíritu, numen, talento son los signos con que se los representa la posteridad, ésta que halla héroes a los hombres que nunca lo fueron para su ayuda de cámara. Si pudiésemos leer el diario de la vida privada de Alejandro, Demóstenes, César y Cicerón, ¿cuántas flaquezas, miserias, y ridiculeces veríamos, que la historia civil abandono a la mordacidad de los contemporáneos? Todos los sabios, políticos, y conquistadores empiezan a crecer a los cien años de enterrados, porque la muerte de los ofendidos, rivales, o envidiosos, sepultando en el olvido todo lo pequeño y personal de los famosos varones, deja sólo el hombre público con lo grande, ruidoso, o importante de sus dichos y acciones.

Pido que estas reflexiones se me perdonen en obsequio de la verdad, y defensa de nuestro siglo, que muchos detestan con la misma justicia que celebran a los pasados. Por cuatro osados sacrílegos, cuatro impíos por vanidad, dignos de no hallar asilo ni sustento sobre la tierra, no se debe amancillar la gloria de una edad ilustrada, que acaso formará la época mas memorable en los fastos de los conocimientos humanos. Borremos de la lista de los Sabios a los que quieren pervertirnos; pero demos honor a los que con sus luces y doctrina nos llenan de beneficios.

La Cátedra sagrada ha recobrado en España sus antiguos derechos: la persuasión evangélica, la sencillez apostólica, la energía profética, y la decencia oratoria, apesar de la obstinación de los esclavos de la costumbre, que fundan el amor de la patria en el de sus ridiculeces. Tan feliz, revolución, obrada en este mismo siglo mas se debe a los excelentes modelos que siempre desengañan y enseñan, que a las amargas críticas, que irritan el corazón sin ilustrar el entendimiento.

Como hoy los ministros de la palabra del *Señor* tienen presentes los ejemplos escogidos; esta obra que solo trata de la elocuencia en general relativamente a las calidades de la expresión oratoria, no comprende en particular los principios fundamentales del santo ministerio del púlpito. Algunos varones apostólicos, que poseían el celo y ejercicio que yo no conozco, y jamás sabría definir, han establecido los preceptos, y señalado los caracteres precisos para los que aspiran al oficio de predicador. Pero si me es lícito añadir aquí alguna reflexión, afianzada en las observaciones y ejemplos de este Tratado, sólo diré a los jóvenes que se consagran a tan grave profesión, que prueben antes las fuerzas de su entendimiento, que se habitúen a continuos ejercicios; y entonces verán que en el alma sucede lo mismo que en el cuerpo, en el cual las partes mas ejercitadas son siempre las más robustas. Entonces conocerán, que el talento oratorio se ha de sacar de su propio caudal: porque sin ingenio no se inventa, sin imaginación no se pinta, sin sentimiento no se mueve, y nadie deleita sin gusto, como sin juicio nadie piensa.

Mas si entramos a considerar el plan de esta obra, vuelvo a decir, que el principal fin que se propone es la análisis de los rasgos magníficos y dichos sublimes, que en todos tiempos y países han granjeado o sus autores el renombre de elocuentes. Así me ciño precisamente a los principios generales de la elocución oratoria, como puntos adaptables al gusto, uso, e interés de un mayor número de lectores, y dejo por impertinentes las otras partes de la retórica. Ésta se enseña en las aulas, y en éstas se forman los retóricos; pero los hombres que han dominado a los demás con la fuerza de su palabra, se han hecho en el mundo entre la pasión de emular la gloria de los ilustres oradores, y la necesidad de seguir su ejemplo para defender la virtud, la verdad, o la justicia.

Declarado ya el objeto de este Libro, resta ahora dar razón de su título, nuevo acaso para algunos, y para otros oscuro. El alma debe considerar en las cosas que la deleitan la razón o causa del placer que siente; y entonces los progresos de este examen purifican y perfeccionan los del gusto. Hasta aquí la elocuencia se ha tratado entre nosotros, por preceptos mas que por principios; por definiciones mas que por ejemplos; y mas por especulación que con sentimiento; o diciéndolo de otra manera: cuando muchachos tenemos elementos clásicos para trabajar la memoria, y después ninguna luz para guiar el talento cuando hombres.

A este último fin una retórica filosófica; que es decir, la que diere la razón de sus proposiciones, analizase los ejemplos, combinase el origen de las ideas con el de los afectos; en una palabra, que ejercitase el entendimiento y corazón de los lectores, es sin duda la más necesaria, y la única que nos falta.

Yo conozco que el título de este Libro no puede llenar un hueco tan grande; pero entre tanto suplirá la parte más común y usual, hasta que otro, en quien concurran luces mas extensas, perfeccione la obra general con mejor pulso y felicidad que yo he desempeñado la mía.

Una obra de la naturaleza que propongo arredraría a muchos de los que ahora sin vocación genial emprenden lo que es superior a su capacidad, sin duda porque ignoran el poder de sus fuerzas hasta haberlas comparado con las de los gigantes. Pues así como todo el mundo presume entender de política, y de probidad, porque entre nosotros no se enseña en las aulas, del mismo modo todos creen poseer la elocuencia, porque se enseña mal. En efecto algunos hombres dotados de facilidad, fuego, y copia natural para dominar a muchos, en quienes las frías lecciones de la clase habían extinguido el talento, han creído que ser locuaz era lo mismo que ser elocuente. Tal vez esta opinión vulgar ha nacido del capricho y puerilidad de muchas reglas y ejercicios clásicos, que a ciertos escritores han hecho desconocer el sentimiento puro, el gusto simple y natural, sofocándolo con una infinidad de gustos fantásticos, hijos de las falsas impresiones que dejan las cosas, cuando se contemplan desde el punto de vista que les quita su buen efecto.

Con esto no intento graduar de inútil el estudio del arte, si sólo concluir, que mientras éste no prometa más luz y otro fruto, lean los que quieran admirar el ingenio los excelentes escritos, y no leyes mal fundadas. ¿Que preceptos pueden ser preferibles a la meditación de los insignes modelos? Éstos, como dice un ilustre literato, siempre iluminan, cuando aquellos muchas veces dañan: además los preceptos de ordinario se olvidan, y sólo quedan los ejemplos. Así los que han pretendido que la elocuencia era toda hija del arte, o no eran elocuentes, o fueron muy ingratos con la naturaleza; porque el corazón humano ha sido el primer libro que se estudió para moverle y cautivarle, y los grandes maestros fueron el segundo.

Algunos han dicho que el gusto en la elocuencia era de opinión, y que la belleza en este arte, como en todos los de ingenio, era arbitrario, era local. Yo creo que la razón y el corazón del hombre, así como su interés, siempre han sido los mismos: la diversidad de los climas puede alterar o graduar la sensibilidad física, determinar cierto género de vida, y las costumbres que de ella nacen; pero solo la educación pública, o por mejor decir, la forma del gobierno, puede variar, o depravar los sentimientos morales, y hasta la idea de la hermosura real.

Aún entonces no será variable la elocuencia, sino el estilo, por razón de los juicios diferentes, que de las cosas se forman los hombres modificados por estas circunstancias, ya de costumbres, ya de clima, o legislación. La elocuencia es una, y los estilos muchos: y quien reflexione sobre el de los Orientales, verá que es tan contrario a la naturaleza, como la misma esclavitud que los degrada. El hombre libre es sencillo, claro, y conciso; y hasta en el salvaje reluce lo sublime con lo natural.

La elocuencia puede variar en las calidades secundarias que siguen el genio de las naciones, y hasta el carácter de los individuos, mas no en sus principios fundamentales, que son del gusto íntimo del hombre, como son: verdad, naturalidad, claridad, precisión, facilidad, decencia, etc.

Todas las naciones han tenido sus pintores, mas sólo los de la antigua Grecia siguieron la naturaleza, y si es posible, la perfeccionaron haciéndola *bella*. De la harmonía de las proporciones compusieron la hermosura constante del arte, aunque sin poder uniformar los pinceles; porque tanto los artistas como los escritores, aun de un mismo pueblo, siempre se han diferenciado en el estilo, que hablando con propiedad, no es mas que la expresión del genio o carácter de los autores, que cada uno deja estampado en sus producciones: así leemos lo dulce o lo duro de uno o lo rápido o lo templado de otro, lo vehemente o lo patético de éste, lo enérgico o lo grave de aquel. En fin los vemos a todos elocuentes sin parecerse unos u otros. Si Rafael pinta la *Transfiguración*, Miguel Ángel representa el juicio: cada uno pinta su genio, y ambos son grandes y sublimes.

Cuando considero la elocuencia con otro respeto, veo que no es para muchachos; pues como suponga un caudal de ideas grandes, el conocimiento del hombre moral, y una razón ejercitada, tres cosas de que carece y es incapaz su corta edad, no estimo por racional el método común de anticipar la retórica al estudio de la filosofía. A este inconveniente han añadido los retóricos el de escribir en latín: y acaso es esta otra de las causas del poco, o ningún fruto de sus libros. ¿Pues qué atractivo puede tener para los muchachos, que quieren explicarse a poca costa, el estudio de la elocuencia en una lengua muerta, que no entienden, o entienden mal? Además, cuando todas las circunstancias difíciles de reunir concurriesen para formar un latino elocuente, éste lo sería del mismo modo en su propio idioma. Por lo común se observa que los que blasonan de excelentes latinos, son fríos, oscuros, o insípidos cuando escriben en romance.

El método más útil y prudente sería que los jóvenes retóricos cultivasen, y ennobleciesen con elocuentes composiciones su lengua patria, ésta que hoy la nación ha consagrado a la santidad del púlpito, y gravedad del foro. Imitemos a los Romanos: estos se dedicaron a escribir exclusivamente en su propia lengua; y entre ellos sólo un pedante compuso en la griega, sin embargo de tener ventajas conocidas para poseerla con más facilidad y perfección que nosotros la latina. La harmonía riqueza, y majestad de nuestra lengua la hacen digna de emplearse en todos los asuntos que puedan hacer honor a las letras, y a la patria.

Con respeto a la utilidad común, y a dilatar el distrito de nuestra propia lengua sale esta obrita en castellano. Pero espero que en el siglo décimo octavo, y en un libro que trata la elocución oratoria por un término nuevo, y con principios más luminosos de los que se solían leer en nuestras obras, me disimularán los anticuarios alguna vez la frase, y también la nomenclatura, desconocida en el siglo de los Olivas, y los Guevaras.

El lenguaje del tiempo de Elizabeth en Londres, y de Carlos IX en París dista mucho del que hoy en el Parlamento de la Gran Bretaña, y en los Templos de Francia mueve, enternece, e inflama los ánimos. Sólo entre nosotros hay hombres, panegiristas de los muertos para despreciar cobardes a los vivos, cuyo gusto rancio halla en muchos libros viejos y carcomidos enérgico lo que sólo era claro, correcto lo que sólo era puro, preciso lo sucinto, sencillo lo bajo, numeroso lo difuso, fluido lo lánguido, natural lo desaliñado, sublime lo enfático, y propio lo que hoy es anticuado.

Es menester distinguir los tiempos, las costumbres, el gusto, el estado de la literatura, y la calidad de los escritores. Todas las lenguas han seguido este progreso, y de estas vicisitudes han sacado la variedad, y de ella su riqueza; pues si aún la sintaxis se altera cada cien años para acomodarse al gusto, ¿qué sera el estilo? El autor que no quiere pasar por ridículo debe adoptar el de su siglo. En éste vemos que toda la Europa ha uniformado el suyo; y aunque cada nación tiene su idioma, traje, y costumbres locales, los progresos de la sociabilidad han hecho comunes las mismas ideas en la esfera de las buenas letras, el mismo gusto, y por consiguiente un mismo modo de expresarse. Únicamente los Turcos, que viven solos en Europa, conservan el lenguaje de su fiero Othman en testimonio de su barbarie, y la disciplina de Selim para descrédito de sus armas. En fin como yo no escribo para gramáticos, y fríos puristas, sino para hombres que sepan sentir y pensar, siempre que estos me entiendan, y aquellos me muerdan, mi libro no sera un trabajo perdido.

Cuando esta Obra no enseñe completamente la oratoria, a lo menos indica por el análisis de los ejemplos que propone el verdadero carácter de los trozos elocuentes. Cuando no enseñe a componer un discurso perfecto y entero en la invención de sus lugares, y disposición de sus partes, acostumbrará con la luz de muchas observaciones y principios naturales sobre el gusto o y sentimiento a discernir los efectos de la sólida elocuencia.

Si todos los hombres no tienen necesidad, aptitud, o proporción de ser oradores, tienen muchos de ellos en las diferentes posiciones de la fortuna, y estados diversos de la vida civil ocasiones de acreditar con el imperio de la palabra su mérito, su puesto, su poder, o su talento. Así no creo, que ni al que se destina a persuadir a los demás, ni al que le conviene ser persuadido no les aproveche siempre conocer el arte con que en todos tiempos y países se ha obrado este prodigio: ya en boca del Profeta que amenaza, o del Sacerdote que edifica, del triunfador que aterra, o del esclavo que enseña sufriendo; ya del magistrado que defiende las leyes, o del caudillo que alienta sus tropas; del héroe que excita a ser grande, o del sabio en fin que enseña a ser hombre.

Hasta aquí ha sido moda, o fórmula bibliográfica de modestia decir los autores en los prólogos mil males de sus obras; mas yo que he visto, que ni ellos ni sus libros nada han ganado con esta depresión anticipada pocas veces sincera, y siempre voluntaria yo que se que ningún escritor se puede hacer querer del público si primero no se, muere, abandono mis yerros, y hasta las erratas al examen y censura de aquellos, que por su pereza, timidez, o incapacidad tienen más ejercitado el talento odioso y pequeño de tachar las cosas malas, que el de producir por si las buenas.

En una obra que trata del gusto en la elocución oratoria, he procurado quitar de la vista del lector toda la aridez y uniformidad de las retóricas, la mayor parte hasta hoy escritas para niños: a mas de esto las imágenes de que está revestida son de bulto, a fin de deleitar la atención, y amenizar en lo posible lo didáctico. Los ejemplos me parecen escogidos en la fuerza de la expresión, elevación de los pensamientos, y grandeza e importancia de los asuntos. En fin los he buscado casi todos de un estilo vehemente, elevado, o patético, porque la expresión fría, templada, o tranquila no me parece la de los grandes movimientos, que han hecho siempre victoriosa a la elocuencia.

Tal vez se echaran menos algunos *tropos*, que más pertenecen a la gramática que a la retórica, y ciertas figuras, como *la sinonimia y la paranomasia,* muy socorridas, la primera para las cabezas estériles de cosas) y la segunda para los versificadores. Últimamente como se trata aquí de un arte de ingenio, y no de memoria, en las definiciones hay poco latín y menos griego, y en las materias muchos principios y pocas divisiones; porque dejo las etimologías a la ciencia de los filólogos, y la clasificación sistemática al método de los botánicos.

INTRODUCCIÓN

Después de perfeccionada la facultad de comunicarse las ideas, los hombres cultivaron la de infundirse entre sí sus pasiones. Este ejercicio en la institución de las Democracias produjo y acreditó el talento oratorio, de cuyos maravillosos ejemplos se vino a formar un arte sublime, que escuchado como oráculo en las deliberaciones públicas, fue árbitro de la paz y de la guerra, terror y azote de la tiranía, y al fin arma fatal de los tiranos.

De aquí tomó su origen e imperio la Elocuencia, que destinada para hablar al corazón como la lógica al entendimiento, llegó en la antigüedad a imponer silencio a la razón humana. Así los prodigios que ha obrado muchas veces en boca de un ciudadano cautivando un pueblo entero, forman acaso el testimonio más brillante de la superioridad de un hombre sobre otro.

La elocuencia nació en las Repúblicas, porque allí fue necesario persuadir a unos hombres que no se dejaban mandar: allí se conservó siempre estimada, porque en aquella forma de gobierno era el camino de las dignidades y de las riquezas. Éste fue el móvil para que en aquellos estados populares se honrase, no sólo la elocuencia, sino todas las demás profesiones propias para formar oradores, como la política, la jurisprudencia, la moral, la poética, y la filosofía.

Entonces se vio que para ser insigne orador, no sólo era menester criarse con aquel concurso de circunstancias necesarias para formar un hombre grande, mas también en tiempos y países donde se pudiese impunemente corregir el vicio, inspirar la virtud, y predicar la verdad. En efecto, si Roma y Athenas, tan fecundas en ilustres oradores en un tiempo fueron tan estériles en otro, fue porque la elocuencia siguió allí como en todas partes la fortuna de la libertad.

La elocuencia, que nació antes que la retórica, así como las lenguas se formaron antes que la gramática, no es otra cosa, hablando con propiedad, que el talento de imprimir con fuerza y calor en el alma del oyente los afectos que tienen agitada la nuestra. Este sublime talento nace de una sensibilidad rara de todo lo que es grande y verdadero; pues la misma disposición del alma, que nos hace susceptibles de una moción viva y profunda, basta para hacernos comunicar su imagen a los oyentes; luego parece que no hay arte para ser elocuente, una vez que no la hay para sentir.

Los maestros insignes han destinado sus reglas, mas para evitar los defectos que para producir primores; porque sólo la naturaleza cría los hombres de ingenio, así como forma en las entrañas de la tierra brutos e informes los metales preciosos; el arte hace en el ingenio lo que en estos metales: los limpia y depura. Si la fuerza de la elocuencia dependiese directamente del artificio, no veríamos que lo sublime se traduce siempre, y casi nunca el estilo; pues el trozo verdaderamente elocuente es el que conserva su carácter pasando de una lengua a otra.

Vemos que la naturaleza hace elocuentes a los hombres en los grandes intereses, y en las pasiones fuertes: dos puntos, que son la fuente de los discursos sublimes y verdaderos; por esto casi todas las personas hablan bien en la hora de morir. El que se conmueve ve las cosas con otros ojos que los demás hombres: para él todo es objeto de rápidas comparaciones, y de brillantes metáforas, y casi sin advertirlo transmite a los oyentes una parte de su entusiasmo. En fin la experiencia diaria nos hace confesar, que hasta los hombres vulgares se explican con figuras, y que no hay cesa mas natural y común que estas translaciones llamadas tropos. Así en cualquier lengua el *corazón arde, el furor se enciende, los ojos centellean,* el amor *embriaga,* etc.

Esta misma naturaleza es la que inspira algunas veces expresiones vivas y animadas, cuando una vehemente pasión, un peligro inminente llamarían al instante el auxilio de la imaginación. Enrique IV de Borbón para alentar a sus tropas en la batalla de Ivri, así les dice con su ejemplo: *Compañeros, vosotros corréis mi fortuna, y yo la vuestra. Cuando perdáis las banderas, seguid mi penacho blanco que siempre le hallaréis en el camino del honor y de la gloria.*

Diremos, pues, que los rasgos en que brilla la verdadera elocuencia son hijos del *sentimien*to; que no han nacido de los preceptos fríos, antes por ellos se formaron las reglas, porque en todas las cosas la naturaleza fue siempre madre y modelo del arte. ¿Pero no se ha dicho que los poetas nacen, y los oradores se hacen? Si es verdad, cuando el orador ha necesitado estudiar las leyes, las inclinaciones de los jueces, y el gusto de su tiempo. Si en las artes como la elocuencia, se pudiesen prescribir reglas tan ciertas y fijas, que de su observancia, debiesen necesariamente salir discursos perfectos, entonces la elocuencia no dependería del ingenio; antes bien se haría un grande orador, como se hace un grande aritmético.

CALIDADES DEL TALENTO ORATORIO

El que quiera a un tiempo instruir, mover, y deleitar, ¿qué conocimiento no es menester que tenga del corazón humano, de su propio idioma, y del espíritu del siglo? ¿Qué gusto para presentar siempre sus ideas con un aspecto agradable? ¿Qué estudio para disponerlas de modo que hagan la mas viva impresión en el alma del oyente? ¿Qué delicadeza para distinguir las situaciones que deben tratarse con alguna extensión, de las que para ser sensibles les basta ser manifestadas? ¿Qué arte, en fin, para hermanar siempre la variedad con el orden y la claridad?

El hombre elocuente huye de la aridez del estilo didáctico; pues no basta que un pensamiento sea magnífico, profundo, o interesante: debe ser felizmente expresado. La hermosura del estilo sólo consiste en la claridad y colorido de la expresión, y en el arte de exponer las ideas.

Pero hay gran diferencia entre un hombre elocuente, y un hombre elegante. El primero se anuncia con una elocución viva y persuasiva, formada de expresiones valientes, enérgicas, y brillantes, sin dejar de ser exactas y naturales: el segundo, por una noble y pulida exposición del pensamiento, formada de expresiones castigadas, fluidas, y gratas al oído. Aquel, cuyo fin es persuadir en el discurso, se vale de lo vehemente y sublime, dedicándose sobre todo a la fuerza de los términos, y al orden de las ideas; el hombre elegante, corno aspira a deleitar, sólo busca la gracia de la elocución, esto es, la hermosura de las palabras y la colocación de la frase. En fin la elegancia podrá formar facundos decidores; mas sólo la elocuencia hará oradores eminentes.

Un escritor puede ser diserto, esto es, puede hacer un discurso fácil, claro, puro, elegante, y aun brillante, y no ser con todo esto elocuente, por faltarle el fuego y la fuerza. El discurso elocuente es vivo, animado, vehemente y patético quiero decir, mueve, eleva, y domina el alma así, suponiendo en un hombre facundo nervio en la expresión, elevación en los pensamientos, y calor en los afectos, haremos un escritor elocuente.

El arte oratorio, como observa un hombre de gusto, consiste, mas que en otra cosa, en el estudio reflexivo de los mejores modelos, y en un ejercicio continuo de componer: ejercicio que hace fructificar el trabajo mas que una ostentación de reglas, la mayor parte arbitrarias.

Dos cosas parece que concurren para formar un orador, la razón y el sentimiento: aquella debe convencer, éste mover y persuadir. La elocuencia al fin estriba sobre estas dos disposiciones naturales, que son como las raíces del árbol. Pero los verdaderos oradores son muy pocos, porque son muy raros los hombres dotados de aquella penetración, extensión, y exactitud de entendimiento, necesarias para distinguir lo verdadero y hacerlo evidente: porque en fin, son muy raras las almas delicadas, que se dejen herir vivamente de los objetos de sus meditaciones, y que puedan transmitir al corazón del oyente los sentimientos de que están penetradas.

Del modo de ver las cosas depende mucho la fuerza o debilidad de sentirlas, y por consiguiente de expresarlas. Las ideas adquiridas por una reflexión lenta y fría en el retiro del estudio, son menos vivas y fuertes que las que nacen del espectáculo del mundo. Sería, pues, un prodigio hallar un ciego de nacimiento elocuente.

Supuesto el talento, acompañado de la luz, de la experiencia y nobleza de los sentimientos, es muy importante al orador escoger siempre dignos asuntos. Por eso algunos, si el asunto es vago e indefinido, hablan mucho, y nada dicen: otro a si es árido y muy estrecho, se exilan agotando menudencias: otros, si es endeble y frívolo, se ven forzados a cubrirle con el adorno de florecitas, que se marchitan en sus mismas manos. En una palabra, el genio de la elocuencia no se acomoda sino a objetos sublimes, o a lo menos interesantes para los hombres, y siempre desprecia la insípida verbosidad, y la pompa vana de las palabras.

Para ser elocuente, a un ingenio elevado le bastan objetos grandes; pues hasta Descartes y Newton, que no fueron oradores, son elocuentes cuando hablan de Dios, del tiempo, del espacio, del universo. En efecto, todo lo que nos eleva el alma o entendimiento es materia propia para la elocuencia, por el placer que sentimos de vernos grandes. También, y por la misma causa, lo que nos anonada a nuestros ojos es digno de la oratoria. ¿Pues qué cosa mas capaz de elevarnos humillándonos, que el contraste de nuestra pequeñez con la inmensidad de esta morada?

La verdadera elocuencia necesita los socorros de todas las artes y ciencias. De la lógica saca el método de raciocinar, de la *geometría*, el orden y encadenamiento de las verdades, de la moral el conocimiento del corazón y de las pasiones del hombre, de la historia el ejemplo y autoridad de los varones insignes, de la *jurisprudencia* el oráculo de las leyes, de la poesía el calor de la expresión, el colorido de las imágenes, y el encanto de la harmonía.

SABIDURÍA

A muchos escritores, por otra parte fecundos, les falta un fondo de *sabiduría*, sin cuyo tino, o no se piensa, o se piensa mal. Otros solo cuidan de decir cosas lindas, sin advertir que lo esencial para hablar bien consiste en decir cosas buenas: porque para ser elocuente no basta hablar como orador, es menester pensar como filósofo. Digámoslo mejor: no basta al orador formarse sobre el gusto de los grandes modelos, si carece de aquella filosofía necesaria para caminar con firmeza, distinguir la verdad de su sombra, y exponerla con acierto y dignidad.

Nada desluce mas la gloria de la elocuencia que algunos discursos igualmente vacíos de ideas, que de razón y exactitud: los unos tejidos de paralogismos brillantes, que emboban la multitud, y hacen reír a los sabios: los otros llenos de pensamientos triviales, de expresiones vulgares, y de lugares comunes, ya gastados con el continuo uso.

Para poseer el mérito de la elocución y de las ideas, es necesario unir como Platón, el arte de escribir con el de pensar bien. Unión rara; pero que el mismo Horacio encarga, cuando señala la sabiduría como la fuente de escribir bien. ¿El mismo Platón en su Gorgias no dice, que el orador debe poseer la ciencia de los filósofos? ¿Aristóteles después no nos demuestra en su Retórica, que la verdadera filosofía es la guía secreta en todas las artes?

Un orador, dotado de este tacto filosófico, ahondando las verdades mas comunes, sabe sacar de ellas nueva sustancia; y mezclándola con sus propios pensamientos, produce verdades nuevas que expresa con fuerza, mas sin violencia; porque el que piensa naturalmente, habla con facilidad. En fin, como hombre apasionado a la verdad, se propone manifestarla a los que la ignoran, y hacerla amable a los que la aborrecen. Pues de ordinario el que no tiene unas luces muy extensas y profundas, y una valiente fortaleza de entendimiento, suele ser un ciego partidario de las preocupaciones, o el débil eco de la opinión.

Este pulso filosófico, que dio a Salustio, Tácito, y Lucano el temple fuerte de sus plumas, se forma de la profundidad de las ideas, de la elevación de los sentimientos, y de la independencia de las preocupaciones de los hombres. Pero esta filosofía tiene dos bases: una fuerza de razón para profundizar hasta los principios de las cosas, y levantarse a los conocimientos más perfectos de que el hombre es capaz; y una sabiduría de razón, que conteniéndola en los límites prescritos al entendimiento humano, le liberta de los errores cansados por el orgullo, y el amor fatal de la singularidad.

GUSTO

Del sentido del gusto, aquel don de discernir los alimentos, ha nacido la metáfora, que por la palabra gusto expresa el sentimiento de lo hermoso y defectuoso en todas las artes. Éste es un discernimiento profundo, que se anticipa a la reflexión, como el de la lengua.

¿Qué se necesita para cultivar y formar este gusto intelectual? El hábito, como para el gusto físico. Es menester, pues, ejercitarse en ver igualmente que en sentir, y en juzgar de lo bello por la inspección, como de lo bueno por el sentimiento. Éste pide ejercicio y objetos de comparación; porque el que no haya visto otros templos que las *Pagodas* del Indostán, y nunca San Pedro del Vaticano, ¿cómo podrá distinguir lo miserable de lo suntuoso, lo disforme de lo bello, lo monstruoso de lo regular?

Con el hábito y las reflexiones se llega a adquirir el gusto, esto es, el buen discernimiento, esta vista fina y delicada. Así un hábil pintor se arroba delante de un cuadro al ver a la primera ojeada mil gracias y primores, que no perciben tipos ojos vulgares, pero que podrán distinguir con la continuación de ver. Una vista exquisita es un sentimiento delicado, por el cual se perciben cosas de que es imposible dar razón. ¿Cuántas hermosuras hay en un paisaje o en un discurso, que sólo se deciden por el gusto, el cual se puede llamar microscopio del juicio, pues hace visibles las más imperceptibles perfecciones?

En el escritor como en el pintor el buen gusto supone siempre un gran juicio, una larga experiencia, una alma noble y sensible, un entendimiento elevado, y unos órganos delicados. Por esto saben distinguir los géneros y las situaciones: son patéticos, sublimes, majestuosos, graciosos como y cuando es menester.

Pero siempre que refinamos y hacemos demasiado dispendioso el gusto, lo corrompemos: por ejemplo, cuando preferimos lo costoso, sutil, y afectado a lo fácil, sólido, y natural. Se corrompe unas veces por una extremada delicadeza, que hace a un escritor capaz de ser herido de ciertas cosas, que el común de los hombres no siente. Entonces esta delicadeza conduce al espíritu de discusión, porque cuanto más se utilizan los objetos, más se multiplican. Otras veces se corrompe el gusto por un amor desenfrenado de encarecer, adornar, y abrillantar.

Esta corrupción empezó entre nosotros en el siglo pasado: desgracia que ordinariamente subsigue a una edad de perfección. Entonces el que tiene talento y quiere brillar, no se humilla a imitar, quiere criar por sí. Para esto es forzoso que tome sendas extraviadas, apartándose de la naturaleza que habían seguido sus antecesores. Y como todo lo que se aparta de lo bueno, ha de ser necesariamente malo, el buen gusto se pierde conforme el público se inunda de extravagancias ingeniosamente monstruosas.

¿Qué era, pues, este mal gusto entre nosotros, sino una falsa idea de delicadeza, energía, sublimidad y hermosura? De modo que se depravó hasta tal punto, que el escritor medía su mérito por la dificultad de explicarse, y el lector por la de entenderle. Y si lo juzgamos por el trabajo y la obscuridad del estilo, que ha sido más de cien años la moda o manía general, ¿cuántos escribieron sin entenderse a sí mismos?

La mayor parte de aquellos escritos abundan de todo, menos de juicio y de razón. Se deshacían aquellos hombres por parecer ingeniosos a costa de la verdad y del sentimiento: por parecer, no grandes, sino gigantes. En fin se morían por asombrarnos, y sin duda lo han conseguido. ¡Qué profusión! ¡que prodigalidad de paranomasias y equívocos pueriles, de antítesis nominales, de paradojas indefinibles, de hipérboles colosales, de alegorías monstruosas, de sentencias engalanadas, de pensamientos falsos, de enigmas indescifrables, de metáforas forzadas, de retruécanos violentos, de epítetos relumbrantes, de ponderaciones misteriosas, de frases afiligranadas, de agudezas que pierden sus puntas en las nubes, y de otros mil rasgos y follajes que no tienen nombre, ni número!

¿Para qué definir el mal gusto? Vedlo aquí. Pinta un autor panegirista la victoria de un justo combatido de los infernales espíritus, y dice: *Escapó libre de las asechanzas del demonio, derribando con la imperiosa piedra del sufrimiento, con la áspera honda del ayuno, y con el alto chasquido de la oración en la soberbia frente de las alistadas legiones la gigante montaña de las numerosas fatigas.*

De un capitán que se hizo a la vela para la India, dice otro: *Empezó en fin la nave, flecha con alas despedida del arco del puerto, a penetrar todo el cuerpo del agua, todo el corazón del mar.*

INGENIO

Muchos autores han escrito del *ingenio:* la mayor parte lo han considerado como un fuego, una inspiración, un entusiasmo divino, tomando las metáforas por definiciones. Po r vagas que estas sean, vemos que la misma razón que nos hace decir que el fuego es caliente, y poner en el número de sus propiedades el efecto que causa en nosotros, habrá hecho dar el nombre de fuego a todas las ideas y sentimientos, propios para agitar e inflamar vivamente nuestras pasiones.

Pero estas metáforas sólo son aplicables a la poesía y elocuencia: mas si damos a esta palabra ingenio la rigurosa definición sacada de su misma etimología, veremos que deriva del latín *gignere,* engendrar, producir: y como supone invención esta calidad, pertenece a todas las especies de ingenios. Lo nuevo y singular en los pensamientos no basta para merecer el nombre de ingenio, es menester además, que estas ideas sean grandes, o sumamente interesantes a los hombres. En este punto se diferencian las obras de ingenio de las originales, pues éstas sólo tienen el carácter de la singularidad.

Por otra parte no debemos entender simplemente por ingenio el de la invención en el plan de una obra, sino también el de la expresión. Los principios del arte de *bien decir* son aún tan obscuros e imperfectos, hay en este género tan pocas reglas fijas, que el que no es realmente inventor, no adquiere el renombre de grande ingenio.

El ingenio del orador somete todo el universo al imperio de su palabra.

Pinta toda la naturaleza con imágenes, y hace hablar el mismo silencio: despierta los sentimientos por medio de las ideas, y excita las pasiones en lo íntimo, del corazón humano. Lo bello recibe bajo su pluma nueva hermosura, lo tierno nueva suavidad, lo fuerte nueva vehemencia, lo terrible nuevo horror; en fin el ingenio del orador se quema sin consumirse.

No se pregunte, pues, ¿qué es el ingenio? el que tiene alguna semilla de él lo siente. el que no la posee jamás conocerá sus prodigios, que no hablan al que no puede imitarlos. Aquel que quisiese saber si alguna chispa de este fuego voraz le anima, lea las peroraciones de Cicerón *pro Plancio, pro Sextio, pro Fenteyo*. Si sus ojos se enternecen, si siente palpitar su corazón, si quiere ser predicador, tome a Massillon y trabaje. Entonces el ingenio de éste encenderá el suyo: como él creará por sí mismo, y después en el templo otros le restituirán las lágrimas que estos grandes maestros le habían hecho derramar. Mas si la ternura y calor de la palabra de estos hombres le dejan tranquilo y tibio, si sólo halla agraciado lo que debía arrebatarle, no pregunte dónde está el ingenio, este don sublime, que la especulación de las definiciones no puede explicar a quien no puede sentirlo.

Nadie crea que el ingenio consista en la extensión de la memoria: este error ha dimanado de muchos entendimientos vulgares, que porque tienen el cerebro moblado de pensamientos ajenos, se quieren anivelar con los hombres que piensan por sí. El docto que no tiene mas que memoria, viene a ser el obrero subalterno que va a las canteras a escoger el mármol, y el hombre de ingenio es el escultor, que hace respirar la piedra bajo la forma de la *Venus de Cnido*, o del *Gladiador romano.*

El ingenio puede suplir a la memoria; nunca ésta al ingenio. Cervantes produjo su Don Quijote sin haber historia real de tal héroe, ni de tales hechos; y Cornelio a Lapide con toda su maravillosa erudición, no hubiera hecho una página de Massillon, o Bossuet.

Sin embargo es menester un gusto severo para moderar el vuelo del ingenio, y el ímpetu de la imaginación; mas sin obedecer tampoco a la regla de aquellas almas flemáticas e insensibles, que quisieran arrancarle a la elocuencia los rayos que vibra. Todo lo que está lleno de verdad y razón puede respirar alguna vehemencia; pero precaviendo siempre la ridiculez de aquel declamador, que amontonando palabras se enardece puerilmente, representando a sangre fría lo patético.

La elocuencia escrita, privada del auxilio de la acción, no necesita de menos moción que la pronunciada. Las Verrinas, y la segunda Philippica de Cicerón fueron compuestas sólo para la lectura; sin embargo son acaso lo más fuerte y penetrante que tiene la elocuencia. Porque el orador muchas veces es un hombre apasionado, que no debe seguir los pasos lentos y acompasados del disertador. La verdad, hermoseada con la novedad de la expresión y gracias del estilo, gana todos los votos de los oyentes.

Digamoslo de una vez: el hombre de ingenio, cuando escribe de objetos que le hacen una viva impresión, no puede dejar de comunicar a su estilo los movimientos de su alma. Por esto todos los autores ordinariamente pintan su carácter en sus escritos. En una palabra, no hay elocuencia fría: y si contemplamos el hombre de ingenio, éste se distingue de los demás hombres de talento, en quanto todo lo que dice y hace lleva consigo un gran carácter.

IMAGINACIÓN

La mayor parte de los que hasta hoy han tratado de la *imaginación*, han restringido o extendido demasiado la significación de esta palabra: pero para definirla exactamente, tomémosla en su etimología del latín *imago*, imagen.

La imaginación, pues, consiste en una combinación o reunión nueva de imágenes, igualmente que en una correspondencia o cotejo exacto de ellas con el sentimiento que se quiere excitar. Si este ha de ser el terror, entonces la imaginación cría los esfinges, anima las furias, hace bramar la tierra y vomitar fuego a los cielos: si la admiración o el encanto, entonces cría el jardín de las Hespéridas, la isla encantada de Armida, y el palacio de Atlante. Así diremos que la imaginación es la invención en materia de imágenes, como lo es en materia de ideas el ingenio.

De estas observaciones se sigue, que la imaginación es aquel poder que cada uno tiene de representarse en su entendimiento las cosas sensibles. Esta facultad intelectual depende originalmente de la memoria: pues vemos los hombres, los animales, los montes, los valles, los ríos, los mares, los cielos y sus fenómenos. Estas percepciones entran por los sentidos, la memoria las retiene, y la imaginación las rompone. Por esto los Griegos llamaron a las Musas hijas de la *memoria*.

No podemos negar que en la antigüedad la imaginación tuvo una suprema influencia sobre los escritores, los quales, nacidos bajo de un cielo dulce, hablaban lenguas favorables a la harmonía: tenían además una física animada, y una mitología, que era verdaderamente una galería de pinturas. Su mundo metafísico estaba poblado de seres sensibles, sus filósofos eran poetas, y su religión vivificaba la naturaleza.

Sin embargo los antiguos no agotaron todo el copioso manantial de la imaginación, del cual mucho podemos sacar nosotros: pues todos los escritores notables estan llenos de ideas nuevas, y de imágenes brillantes que las expresan. Porque hay tantas diversidades posibles en las pinturas de la naturaleza como combinaciones en los caracteres de la imprenta: verdad que dimana de que cada hombre debe pintar los objetos del modo que los ve.

En muchos escritores se halla imaginación, y falta gusto, que por otra parte le es tan necesario. Este defecto se debe atribuir a la incoherencia de las figuras, a la ignorancia de los buenos modelos, y principalmente a la manía de quererlo pintar todo.

La imaginación, siempre que no se abusa de ella, es una de las bases del gusto: es necesaria al escritor que compone y al orador que conmueve; porque la fría razón, cuando no va acompañada, apaga el gusto en un escrito ameno y en el alma del oyente.

Con todo el orador no puede dejarse poseer tanto de la imaginación como el poeta, cuyos defectos sólo son escusables en un poema escrito con calor. Aquel en los lugares en que el oyente necesite de deleitación, y en los intervalos del discurso que se hayan de llenar de pinturas fuertes, podrá criar nuevos seres, nuevos objetos para hacerlas más vivas y más visibles.

Cuando el orador ha de presentar una pintura o descripción para aterrar, la imaginación sabe que los mayores retratos, aunque sean los menos correctos, son los más propios para causar una fuerte impresión. Entonces, por ejemplo, preferirá las erupciones de fuego, humo y ceniza del monjibelo a la quieta y pura luz de las lámparas del sepulcro. Si se trata de expresar un hecho sencillo con una imágen brillante, de enunciar, supongamos la discordia levantada entre los ciudadanos, la imaginación representa la paz, que sale llorosa de la ciudad tapándose los ojos con la oliva que ciñe sus sienes.

La imaginación activa que forma los poetas es hija del entusiasmo, que según esta voz griega, es una emoción interna que agitando el entendimiento, transforma el autor en la persona que hace hablar: pues el entusiasmo propiamente no consiste sino en las imágenes y movimientos. Entonces el autor dice precisamente las mismas cosas que diría el personaje que representa; así la imaginación ardiente, pero discreta, no amontona figuras incoherentes, como la de aquel que dijo de un hombre gordo de persona y de potencias: *La naturaleza fabricando los muros de su alma, mas cuidó de la vaina que dé la hoja.* En esta frase hay imaginación, pero desarreglada y grosera; y además la aplicación es falsa, porque la imagen de muro no tiene conexión con la espada.

Lo mismo sería decir: *el navío entró en el puerto a rienda suelta.* Tampoco una Princesa desesperada debe decir en cierto drama a un Emperador*: El vapor de mi sangre subirá a encender el rayo que los dioses tienen fraguado para resolverte en polvo.* ¿Quién ignora que el verdadero dolor no se explica con metáforas tan forzadas y tan falsas?

Si la imaginación es mas permitido a la poesía que a la elocuencia, es porque el discurso oratorio debe apartarse menos de las ideas comunes y generales. Y como el orador en algún modo habla el lenguage del mundo, la imaginación, que es lo esencial en la poesía, es lo accesorio en la oratoria.

En la elocuencia como en todas las artes la bella imaginación es siempre natural, la falsa la que amontona cosas incompatibles, y la fantástica la que pinta objetos que no tienen analogía ni verosimilitud. La imaginación fuerte profundiza los asuntos; la floja los toca superficialmente; la suave se extiende sobre pinturas agradables, la ardiente acumula imágenes sobre imágenes; y la prudente emplea con discreción todos los diferentes caracteres, admitiendo rara vez lo extraordinario, y siempre desechando lo falso.

La memoria cargada de hechos, imágenes, y espectáculos diferentes, y continuamente ejercitada, engendra la imaginación, que por lo que se observa, nunca es tan fuerte como desde los treinta hasta los cincuenta años: tiempo en que las fibras del cerebro han adquirido toda su consistencia, la misma que no puede dejar de comunicarse a las verdades o errores que el entendimiento haya adoptado. A esto se añade el concurso de muchas causas físicas, que contribuyen a fortificar la imaginación: los libros la excitan, los espectáculos del mundo la encienden, y el suelo natal la exalta. Por más que se diga, alguna diferencia ha de haber entre las eternas nieves de la Laponia, y el dulce cielo de las fortunadas márgenes del Betis.

La imaginación algunas veces es tan necesaria como la razón al hombre que ha de persuadir a los demás; porque en un discurso, no solo es menester decir verdad para contentar al entendimiento, mas también revestirla de imágenes, para hacerla interesante a la imaginación de los oyentes.

Si tuviésemos por oyentes o lectores puras inteligencias, u hombres mas racionales que sensibles, para agradarles bastaría exponerles sencillamente la verdad, y entonces el orador no se distinguiría del geómetra. Pero como en la mayor parte de los discursos se habla a hombres que no quieren oír sino lo que pueden imaginar, que creen no conocer sino lo que pueden sentir, y que no se dejan persuadir sino por medio de la moción, se hace en algún modo necesario que el que habla se valga del auxilio de las imágenes, las cuales poniendo a la vista los objetos, sostienen la atención, y evitan el enfado.

Cuando un orador de una imaginación fuerte está dorado de ingenio, tiene en su mano el imperio de los corazones; porque en general una pasión viva lleva mucha ventaja para persuadir, por la razón que no se puede imaginar vigorosamente, sin pintar del mismo modo. Además los signos característicos de las pasiones en un hombre apasionado tiranizan luego los sentidos de los que escuchan, y el orador que ha subyugado la máquina, con facilidad subyuga la razón: *eloquio victi re vincimur ipsa.*

Ésta es la causa porque Cromwel y otros capitanes famosos, sin tener el don de la elocuencia se han hecho obedecer con tanto imperio de sus secuaces y sus tropas: pues como en ellos la elocuencia de los gestos suplia la de las palabras, tenían el aire de Demóstenes, y fueron tenidos por tales.

Entre los rasgos de imaginación de los grandes ingenios hay algunos que hieren a los hombres de todos los siglos y países: tal es en Homero la alegoría de la cadena de oro con que Júpiter arrastra los hombres: tal el combate de los Titanes en Hesíodo: tal el discurso patético del océano personificado por Camoës en su Lusiada.

Para dar alguna idea del poder de una imaginación sublime y agaraciada, ponemos aquí este trozo brillante de una pluma que pinta la historia: *Yo abro los fastos de la historia, y de repente los muertos salen de la nada. Todo se rebulle, todo se apiña al rededor de mí. ¡Qué población! ¡qué rumor! Los desiertos se hermosean, las antiguas ciudades vuelven a levantarse al lado de las nuevas; las generacianes amontonadas unas sobre otras salen triunfantes de la noche del sepulcro; y los monumentos de su grandeza, salvados del furor de la barbarie, parece que tremolan a su aspecto. Oigo la voz de Catón tronando contra los vicios; miro a Bruto, y a su hijo inmolados; soy testigo del suspiro de Tito, y acompañó Cipión al capitolio. No me digan que Atenas, y Roma fueron: esta triste idea me desalienta. Digan que Atenas, y Roma han mudado de latitud: que la primera se ha trasplantado a las orillas del Sena, Cartago sobre el Táme-*

sis, *Lacedemonia al pie de los Alpes,* y la opulenta *Tiro a las aguas del nebuloso Texel.*

¡Qué teatro aquel donde los hombres de todos los siglos y climas se hallan congregados, hablan, obran, y hacen cada uno su papel sin embarazo ni tumulto! ¡Qué grande y magestuosa me parece la tierra después que el hombre halló el secreto de pintar el pensamiento, de inmortalizar el alma de los insignes varones, y de hacer resonar sus hazañas de uno a otro polo mil años después de muertos! ¡Cuánto ha crecido desde esta época nuestra globo! Parece que veo el tiempo detenido por la mano del hombre en su rápida carrera. Su ingenio lo aprisiona para siempre el espacio, y manda a Clio que levante una punta del velo, de este velo fúnebre y opaco que la muerte tenía corrido entre la generación presente y las generaciones pasadas.

SENTIMIENTO

El *sentimiento*, que se distingue de la *sensación*, en cuanto ésta es una impresión material dependiente de nuestras necesidades físicas, y el otro una afección suave del ánimo, relativa al hombre moral, es, según algunos, un movimiento interno y pasajero que precede en nuestra alma con mayor vehemencia, y más fuerte actividad.

El sentimiento siempre ha sido el alma de los rasgos fuertes y patéticos, quiero decir, de aquella elocuencia que engrandece y enternece el alma. Por esto se observa, que ni los sentimientos se excitan, ni las pasiones se pintan si el orador no es susceptible, o está poseído de ellas: pues para hacer una pintura fiel, y causar una moción cierta, debe el que habla estar conmovido de los mismos afectos que pretende inspirar, y hallar en sí mismo el modelo.

Además, no basta que el orador en general sea susceptible de sentimientos, sino le anima
el mismo que se propone excitar. Todo lo que se medita sin fuerza se produce con languidez, lo que se concibe con limpieza se enuncia con claridad; y asimismo se expresa con calor lo que se siente con entusiasmo: porque las palabras con tanta facilidad nacen de una idea clara, como de una moción viva.

Se conoce cuando el orador es buen o mal pintor de los afectos, por el modo con que los expresa. Toda frase ingeniosamente tejida prueba más ingenio que sentimiento; porque el hombre agitado de una pasión, enteramente poseído de lo que siente, no se ocupa en el modo de decirlo; antes bien toma muchas veces la expresión mas simple, y siempre la más natural.

Todos los rasgos afectuosos, tiernos, y profundos están llenos de sencillez, ya sea en la frase, ya en la dicción. Al contrario un ingenio destituido de afectos, siempre hará que el orador, perdiendo de vista lo simple y natural, convierta los sentimientos en máximas, que mas nos demuestran el estudio del que piensa, que la facilidad del que siente. Este no sutiliza, ni generaliza sus ideas para sacar de ellas consecuencias, y reflexiones sentenciosas.

Sin embargo de cuanto hemos dicho, es menester confesar, que aunque la pasión que anima al orador deba ser viva, no siempre es absolutamente necesario que sea por su naturaleza semejante a la que pretende excitar. Nuestra alma, como observa un ilustre escritor tiene dos móviles, por cuyo medio puede ponerse en acción, y son el *sentimiento,* y la *imaginación:* el primero tiene sin duda la mayor fuerza; mas la segunda puede muchas veces suplirlo. Por esto un orador, sin estar realmente afligido, hará derramar lágrimas al auditorio, y aun a sí mismo: del mismo modo que un actor, poniéndose en lugar del personaje que representa, agita y enternece los espectadores con la relación animada de las desgracias que no ha padecido, pero que tal vez le parece que siente. Por la misma razón muchos hombres de una imaginación vehemente pueden inspirar el amor de las virtudes que no tienen.

Si la *imaginación* suple el *sentimiento, no* es por la impresión que hace en el orador, sino por la impulsión que da a los afectos de los oyentes. El efecto, del *sentimiento* es más reconcentrado en el que habla, y el de la imaginación es más propia para comunicarse a los demás: y si la moción de ésta es mas violenta, también es mas corta, pero la del *sentimiento* es más profunda y constante.

Lo que se busca en los discursos patéticos es que el orador no haga ingeniosos sus personajes, y que en ellos no halle sino lo mismo que precisamente inspira la pasión cuando es extremada. Entonces la pasión se fija en una idea, calla, y vuelve a ella casi siempre por exclamación, o admiración. Deben ser más bien rasgos cortos, que discursos seguidos lo que profiera: los primeros se miran como erupciones del sentimiento caliente y recién exaltado, y los segundos como partos de la reflexión tibia y tranquila.

En el primer caso siempre se expresa más de lo que se habla, y esto nunca se expresa con mayor eficacia que con la acción, o con el mismo silencio. El orador hábil llena estos intervalos de la *reticencia,* aquí de una exclamación, allí de un principio de frase, aquí de algunos monosílabos, allí de algún énfasis: porque la violencia del *sentimiento,* cortando la respiración y perturbando el cerebro, suele separar las palabras, y aun las sílabas. El alma pasa entonces de una idea a otra, y empezando la lengua una multitud de discursos, ninguno acaba.

Véase como el caballero Sydnei, recién encerrado en un calabozo para ir el día siguiente al suplicio, se pica una vena con un alfiler, y con su sangre escribe a su mujer este terrible billete: *Querida esposa, tu oráculo se ha cumplido... me han condenado a muerte como rebelde; mas yo muero inocente y digno de ti. Huye de esta tierra cruel, que devora sus habitantes. Consuélate.... tu esposo no muere todo entero.... su alma te aguarda mas allá del sepulcro.*

La esposa, después de haber implorado inútilmente la gracia del feroz ministro, y de verse combatida por las impuras solicitaciones de este árbitro de la vida de su marido, que a precio tan caro se la prometía, le dice: *¡Bárbaro! de mi oprobio espera tu clemencia el premio! Tú quieres ser adúltero para ser justo.... Yo no tuve mas que un padre: tampoco tendré mas que un esposo. ¡Esposo mío!.... ¡qué has de morir, y yo puedo salvarte! Yo lo puedo.... Yo he de padecer el odio de mi patria, o he de merecerlo. Oh! ¡tentación terrible! Ídolo de mi vida cree.... muere virtuoso que yo viviré desgraciada, pero no infame.*

La simplicidad es el carácter del *sentimiento;* y para que se vea que lo que nos mueve es más la situación del que habla, o la naturaleza del asunto, que las palabras, léase aquí lo que oyó y vio un autor, que lo refiere, y el efecto que pueden causar cuatro palabras sencillas y comunes. Una labradora, que había enviado su marido a una aldea vecina, recibe la noticia que le habían asesinado en el camino. El día siguiente, dice el autor, estuve en casa del difunto, donde vi una pintura, y oí un discurso, que no he olvidado. El muerto estaba tendido en una cama, con las piernas desnudas colgando fuera de ella: la viuda desmelenada y sentada en el suelo, tenía abrazados los pies del cadáver, y bañada en lágrimas, con una acción que las arrancaba a todo el mundo, le decía: *Ah! cuando yo te envié, no pensaba que estos pies te llevasen a la muerte.* ¿Una mujer de otra esfera hubiera sido mas patética? No: la misma situación le hubiera inspirado el mismo discurso. ¿Pues qué es menester para hablar con la elocución *del sentimiento?* Decir lo que todo el mundo diría en semejante caso, y lo que nadie oiría sin experimentarlo luego en sí mismo.

La simplicidad, que es el carácter de la expresión de los afectos, tiene un cierto *sublime,* que todos conocemos y nadie puede definir: y esto es lo más precioso de estos discursos, tan poco pulidos y aguzados, y aun mismo tiempo tan penetrantes. Esta simplicidad, y este *sublime* se ven y se sienten en estas palabras que decía un padre a su hijo: *Dí siempre verdad. A nadie prometas lo que no quieras cumplir: te lo ruego por estos pies que calentaba con mis manos cuando estabas en la cuna.* ¡Qué recuerdo tan dulce! ¡qué imagen tan tierna!

Oigamos la sencilla y fuerte respuesta de un Jefe de Salvajes a los Europeos, que querían hacer transmigrar su nación. *Nosotros,* dice, *hemos nacido en esta tierra, y en ella están enterrados los huesos de nuestros padres. ¿Diremos a los huesos de nuestros padres, levantaos, y venid con nosotros a una tierra extraña?* Antíloco anuncia a Aquiles la muerte de Patroclo su amigo: cubierto del polvo del combate, y con un semblante lloroso se llega al héroe, y le da la triste noticia en tres palabras de la mayor viveza. *Patroclo,* dice, *ha muerto: se pelea por su cadáver.... Héctor tiene sus armas.* ¡Qué sencilla expresión! ¡qué sublime sentimiento!

Estas delicadezas tan frecuentes en los pasajes más sencillos, se escapan al común de los lectores: porque, como dice un autor, se puede asegurar que hay mil veces más personas capaces de entender un geómetra que un poeta: la razón es, que hay mil hombres de buen juicio por uno de buen gusto, y mil de buen gusto por uno de gusto delicado.

La elocuencia de los afectos es un talento concedido por la naturaleza a pocas personas. Del ingenio podrá depender el arte de convencer, mas no el de persuadir; el de seducir, mas no el de mover: acaso el ingenio solo formará un retórico sutil, pero únicamente un corazón sensible y grande hará un hombre elocuente; porque aquel que se penetra vivamente de lo patético y sublime, no está muy lejos de expresarlo.

Esta disposición de la elocuencia tierna, que forma la *unción* del estilo, no comprehende las calidades brillantes de la elocución, ni la harmonía entre el tono y el gesto, de la cual nace la elocuencia exterior aquí tratamos de aquella elocuencia interna de aquella, que abriéndose paso con una expresión sencilla, y a veces inculta, hace poco honor al arte y mucho a la naturaleza; de aquella en fin sin la cual el orador no es más que un declamador.

TRATADO DE LA ELOCUCIÓN ORATORIA

Después de los principios generales y fundamentales de la elocuencia, que son sabiduría, gusto, imaginación, ingenio, y sentimiento del orador, falta tratar particularmente de las calidades y reglas de la expresión, sin la cual estas cinco cosas no pueden ponerse en acción, ni ser de uso alguno.

La voz *elocución* es genérica, en cuanto significa la manera de expresar los pensamientos; pero la *elocución oratoria es* una palabra que especifica y caracteriza el arte de hablar según las reglas de la retórica, las cuales no deben ser otras que las de la naturaleza, dirigidas por el gusto y la razón.

La elocución es pues de una necesidad tan absoluta al orador, que sin ella se halla incapaz de producir sus ideas; y todos sus demás talentos, por grandes que sean, le son enteramente inútiles. De la *elocución* sacó su denominación la *elocuencia:* así vemos que aquella ha decidido siempre del mérito de los oradores, pues es la que forma las diferencias de estilos, y constituye todo el valor y fuerza del discurso.

En la *elocución* se pueden considerar dos partes: la *dicción,* y el *estilo.* La primera es más relativa a la composición y mecanismo de las partes del discurso, como son *pureza, claridad, harmonía, de que nace la elegancia, número, corrección, y propiedad*. La segunda contiene aquellas calidades más particulares, más difíciles, y más raras, relativas al ingenio y talento del orador: sus virtudes son *método, orden, perspicuidad, naturalidad, facilidad, variedad, precisión, nobleza.*

PARTE I
DE LA DICCIÓN

Como se compone la oración de periodos, los períodos de miembros, los miembros de incisos, los incisos de palabras, y las palabras de sílabas, aquí trataremos por su orden de todas estas partes, que forman la dicción oratoria.

1
COMPOSICIÓN

De las sílabas

Dos cosas complacen al oído en el discurso, *sonido, y número;* el primero por la naturaleza de las palabras, esto es, por la composición de las sílabas, cuya menor o mayor melodía nace de la acentuación de las letras, y de su concurso y trabazón; el segundo por la coordinación y número de los términos, o medida de los incisos.

Para analizar bien el placer que resulta de una sucesión de sonidos, es menester antes descomponerla en sus partes y elementos. Las frases se componen de palabras, y éstas de sílabas que se forman o de simples vocales, o de vocales y consonantes juntamente; mas como entre estas dos especies hay algunas más o menos fáciles de pronunciar, mas o menos sordas, más o menos rudas, la combinación de estas consonantes y vocales forma la mayor o menor dulzura, la mayor o menor aspereza de una sílaba. Por esto la lengua española, que tiene la hermosa mezcla de consonantes y vocales dulces y sonoras, se puede llamar la más harmoniosa de las vulgares.

Pero primeramente es menester evitar la continuada melodía y consonancia de sílabas, o palabras demasiado cercanas, que forman el vicio del sonsonete, cuando el autor no castiga la composición. En uno, que se nos ha querido poner por modelo, leemos: El autor no fue prudente en no querer que sus faltas enmiende y defienda el que las siente. Otro, por falta de atención, o de un oído sensible, dice: Estos ecos lejos suenan. En este caso la prosa siempre será pobre, insípida y monótona, porque el placer del oído debe provenir de los intervalos disonantes, esto es, de la variedad del acento y pronunciación.

En segundo lugar, se pide tino para que no se encuentre en las letras el desagradable concurso de muchas vocales de una misma especie: *por ejemplo: oía a Aurelio: leía a Ausonio: vaya hacia Europa, etc.* Este vicio literal se llama *cacafonía*, a que es siempre muy propensa nuestra lengua, si no se maneja con cuidado, consultando el oído, que es el mejor juez y la única regla.

En tercer lugar debemos precaver, en cuanto sea posible, el concurso duro de muchas consonantes rudas y fuertes, como en estas expresiones: *error remoto: trozos rojos: sus sucios sucesos.* El tino en esta materia consiste en saber interpolar las palabras, invertirlas, o escoger otras que formen una frase mas fluida y sonora.

De las palabras

Todo *discurso* se compone de palabras, cada palabra expresa una idea: luego parece que el orden gramatical de estos signos en la *oración* habrá de seguir el natural que en su filiación llevan las ideas. Pero aunque las reglas lógicas de la gramática general prescriban este orden con más severidad, las leyes oratorias, cuando buscan la elegancia, precisión y energía, permiten la transposición, que en unas lenguas puede ser más libre que en otras, y en todas tiene siempre más licencia en la poesía. Sin embargo hay ideas, que por su correlación y calidad no pueden invertir la coordinación en la frase: como se puede ver en la que deben guardar ciertos nombres. Como: *sin padre ni madre: los hombres y los brutos: dos años y dos meses: en su enfermedad y muerte, etc.*

¿Quién ignora que en el orden de estas palabras se ha de guardar la prioridad de tiempo, lugar, calidad, cantidad? Con todo eso en escritos muy serios, y llenos de ingenio se descubren a veces estos defectos, que la prosa condena por graves, cuando otras excelentes virtudes del escritor, o la delicadeza del número oratorio no los hacen disculpables.

Por otra parte todas las palabras, siendo unos signos representativos de las ideas, deben guardar aquella progresión siempre dependiente del orden de los objetos que abrazan, como: herida *grave, cruel, atroz: objeto triste y horroroso: acomete, desbarata, aniquila;* pero los adverbios, conjunciones, y otras partículas absolutas y neutras deben colocarse donde prescribe el uso, o el diferente carácter de las lenguas; aunque la armonía oratoria puede alguna vez alterar este orden, como sucede con los nombres superlativos, y esdrújulos positivos, que ordinariamente preceden al sujeto: así diremos: *atrocísima maldad, intrépida amazona.*

Seríamos minuciosos y demasiado prolijos, si nos detuviésemos aquí sobre las comunes y menudas reglas del mecanismo del lenguaje: basta una sana lógica para hacernos advertir el cuidado que exige el orden didáctico, solamente en el raciocinio usual y ordinario, y cuan fácil es invertir el sentido de nuestras expresiones más naturales, siempre que creamos poder hablar con corrección, sin poseer la filosofía de la gramática, la primera que el hombre civil debe estudiar; porque así como fue menester pensar para instituir el *arte de la palabra*, después no ha sido menos necesario saber hablar para fijar reglas al *arte de pensar*.

De los incisos

El inciso o coma es aquella parte de una cláusula o miembro, en la que no se cierra el sentido de una proposición: por ejemplo: *Si con tantos escarmientos, si con la vista de la muerte, si con la pintura del abismo, no....* Este es un miembro con tres incisos, que dejan pendiente la inteligencia de la oración. Hay otros incisos que cierran el sentido por sí solos; por ejemplo: *Deleitaba a todos, movía a muchos, instruía a pocos.* Esta oración entera, y compuesta de tres incisos, completa el sentido total, del modo que cada inciso circunscribe el suyo parcial. Hay en fin otros incisos, cuya frecuente colocación divide cada palabra de por sí; así diremos: Era *ambiciosos cruel, pérfido, vengativo.*

De los miembros

El *miembro* es aquella parte del período, en que la oración como manca o abierta tiene suspenso el sentido general, e imperfecta la enunciación de la vida. Ejemplo: *Si la religión es tan necesaria a los hombres, si hasta los pueblos más salvajes no han podido subsistir sin ella; ¿cómo vosotros.....?* Aquí vemos dos miembros, pero no tenemos todo el cuerpo de este discurso.

Sin embargo hay otros miembros, que forman un sentido perfecto por sí solos, cuando enlazan así muchas proposiciones independientes unas de otras. Éstas sólo se distribuyen y encadenan para amplificar la idea principal en el discurso, el cual, aunque se componga de muchas cláusulas cerradas, no necesita de ninguna en particular. Por ejemplo: *El paso del Granico hace a Alejandro dueño de las colonias griegas; la batalla de Isso pone en su poder a Tiro y Egipto; y la jornada de Arbela le sujeta el orbe entero.*

Del período

El *período* es aquella oración que se encierra dentro de un círculo o espacio, circunscrito por muchas frases u miembros perfectos. Los hay de dos miembros, de tres aun de cuatro.

El período se divide en dos partes: la primera, que es la proposición, suspende el sentido: y la segunda, que es la *conclusión,* cierra y acaba el sentido abierto y comenzado.

En el *período bimembre, tanto* la proposición como la conclusión son simples. Ejemplo: *Siendo la patria la que nos ha dado el nacimiento, la educación, y la fortuna, debemos como buenos ciudadanos sacrificarnos por ella.* En los *períodos* trimembres la proposición abraza comúnmente los dos primeros miembros, y la conclusión el tercero. Ejemplo: 1.º *Antes que la guerra destruya esta provincia,* 2.º *y que la bárbara soldadesca nos robe nuestros hogares,* 3.º *vámonos, amada familia, a buscar el reposo en otro clima.* En los *cuadrimembres algunas* veces la proposición abraza los tres primeros, y la conclusión el último. Ejemplo: 1.º *Si el vicio es tan alhagüeño,* 2.º *si el corazón del hombre busca siempre lo que le lisonjea ,* 3.º *y si la virtud es hoy mirada como demasiado amarga y austera,* 4.º *¿por qué tanto héroes, llenos de opulencia, de deleites, y de gloria, lo han sacrificado todo por abrazarla?*

En otos períodos de cuatro miembros se distribuyen los dos primeros en la proposición, y los dos últimos en la conclusión. Ejemplo: 1.º *Aunque el impío dude de su autor,* 2.º *y blasfeme contra el que lo ha criado todo,* 3.º *nunca podrá apartar la vista de las obras que no son de los hombres*; 4.º *antes su misma duda depone contra su incredulidad.*

2
ELEGANCIA

Esta voz se deriva, según algunos, de la palabra *eligere,* escoger, pues solo esta latina puede ser su verdadera etimología: en efecto todo lo que es elegante es escogido.

La elegancia de un discurso no es la elocuencia, sino una de sus calidades; pues no consiste solo en el número y armonía, sino también en la elección y corrección de las palabras.

Un discurso puede ser elegante sin ser por esto bueno; porque, como ya hemos dicho, la elegancia no es mas que el mérito de la *dicción: pero* un discurso no podrá llamarse absolutamente bueno si no es elegante. Sin embargo algunas veces el orador mueve y convence sin elegancia, sin número, y aun sin armonía, porque el punto principal en materia de elocuencia consiste en que la elegancia nunca perjudique la fuerza: así es que el hombre que ha de persuadir a los demás, debe en ciertos casos sacrificar la elegancia de la expresión a la grandeza del asunto, o vigor del pensamiento.

Además hay lenguas mas favorables unas que otras a la elegancia, y muchas que jamás podrán adquirirla. Ya terminaciones duras o sordas, ya la frecuencia o el concurso áspero de consonantes, ya la escabrosa trabazón de partículas, y de verbos auxiliares, multiplicados a veces en una misma frase, ofenden el oído de los mismos nacionales. Pero nuestra lengua, rica y majestuosa cuando es bien manejada, corre con fluidez, pompa y desembarazo; al contrario, cuando se maneja mal, desaparece todo este mérito, como en la siguiente oración: *No ha podido dejar de ser menester que ella haya de convenir en ello.* Una expresión tan áspera y difusa al mismo tiempo, corta la concisión, la redondez de la frase, y la fuerza del pensamiento.

La *elegancia* puede dividirse en pureza de lenguaje, claridad y armonía.

Pureza

La corrección y exactitud sea calidades constitutivas de la pureza *del lenguaje*: la primera consiste en la observancia escrupulosa de las reglas de la gramática, y de las palabras que el uso legitima; la segunda consiste en evitar las expresiones y voces anticuadas, las cláusulas mutiladas o a medio cerrar, y la frase o inversión de los poetas, que dislocan y cortan el enlace de las palabras, cuya licencia, necesaria para el *número y la rima, no* es permitida al orador.

No hemos de confundir la *pureza* del lenguaje con el purismo: afectación minuciosa, que estrecha y aprisiona el ingenio. Todos los puristas son ordinariamente fríos, secos, y descarnados en sus escritos.

La corrección mira también a la exacta coordinación de las palabras y expresiones, y al encadenamiento natural de las voces que forman el hilo y sucesión de las ideas. Estas virtudes componen la construcción en general, una de las partes del discurso, cuyos defectos en esta regla, tan esencial a la limpieza de la locución, se llaman *solecismos*.

Aunque miramos la *corrección* por una virtud tan necesaria, el orador no debe ser de tal modo su esclavo, que llegue a extinguir la vivacidad del discurso: entonces las faltas ligeras son una feliz licencia. Si es vicio ser incorrecto, también es gran defecto ser frío, y alguna vez vale más faltar a la gramática que a la elocuencia, esto es, vale más ser inexacto que lánguido.

Claridad

Ésta es una virtud gramatical, que depende enteramente de las reglas de la corrección, y de la propiedad de las palabras; por consiguiente de la breve y limpia enunciación del pensamiento.

La claridad, esta ley fundamental, tan olvidada de los mismos escritores que se hacen oscuros por querer ser profundos, consiste, no sólo en huir de las construcciones equívocas, y de las frases demasiado cargadas de idea, accesorias a la idea principal, sino también, en evitar las agudezas sutiles, cuya delicadeza no es perceptible a todos los que el orador debe con su lenguaje mover, enternecer, y arrastrar. Despreciemos siempre este arte fútil y pueril de hacer parecer las cosas más ingeniosas de lo que en sí son. Las agudezas siempre serán ridículas en los asuntos susceptibles de elevación y vehemencia, que piden cierta fuerza y un colorido vivo, porque les quitan su nobleza y vigor sin hermosearlos.

Armonía

Entre las virtudes de la elegancia contamos la armonía, otro de los adornos más indispensables del discurso oratorio. La armonía, propiamente hablando, es la grata sensación que resulta de la simultaneidad con que muchos sonidos acordes hieren el órgano del oído. Por esto un célebre hombre ha observado, que abusamos de esta palabra armonía para explicar los efectos de la *melodía,* que no es mas que aquel placer que resulta de la sucesión de muchos sonidos. En efecto cuando oímos un discurso, oímos sucesivamente el sonido de cada sílaba, de cada palabra, frase, y período y porque la pronunciación no puede alterar este orden. Pero sirvámonos de la voz generalmente adoptada por los retóricos, y definamos la armonía por la idea que despierta la palabra melodía.

Hay oídos insensibles a la armonía musical: así no es de admirar que los haya también a la armonía del *lenguaje; pero* en uno y en otro caso el arte no puede corregir un defecto de la naturaleza.

La armonía del lenguaje resulta en primer lugar del valor silábico de las palabras que componen una frase; quiero decir, de sus largas y breves, de tal modo combinadas, que precipiten o detengan la pronunciación a voluntad del oído. Como en estos ejemplos: *Rápida bola,* aquí corre: *mártir constante,* aquí detiene.

En segundo lugar, resulta de la calidad de las palabras; no entiendo por esta voz lo que caracteriza la nobleza o bajeza, la energía o flojedad de ellas, porque éste no es un objeto directo de la retórica, sino aquella diferencia material en que las considera la prosodia, relativamente a lo agudo o grave, lento o rápido, áspero o dulce de su sonido.

Últimamente hay en las lenguas otro principio de armonía, y es el que resulta de la *coordinación* de las palabras, y aun de los miembros de una misma frase: ésta se puede llamar armonía oratoria, en lugar que la que dimana del valor silábico de las voces es una armonía gramatical, que depende únicamente de la lengua; pero la primera resulta en parte de la misma lengua, y en parte del modo con que se maneja; porque si no tenemos facultad para mudar las palabras ya creadas, la tenemos alomenos hasta un cierto punto para disponerlas del modo más armonioso.

El primer género de armonía oratoria es una preciosa calidad del genio de nuestra lengua, que aunque no admite la licencia de la inversión griega y latina, no deja de adoptar cierta libertad para cortar alguna vez el orden más simple y natural de las ideas. Pero siempre condena las transposiciones violentas, y sólo autoriza aquella inversión necesaria para dar al discurso más armonía, claridad, y energía. Descompóngase un período de Cicerón o de Flechier, las palabras y el sentido serán los mismos, pero la armonía desaparecerá.

Esta coordinación de las palabras, de que trataremos más adelante, contribuye no tan solo a hermosear un pensamiento, si también a darle mayor fuerza. Pero algunas veces de puro buscar la armonía, se prefiere lo accesorio a lo principal, trastornando el orden natural de las ideas. Como el que dice: La *muerte y el terror del numantino, siendo* su orden natural: el *terror y la muerte.*

Hablando con rigor, no se puede usar de esta licencia sino cuando las ideas que se invierten son tan cercanas la una a la otra, que se presentan casi a un mismo tiempo al oído y al entendimiento. Sin embargo en el estilo fuerte, cuando se trata de pintar cosas grandes o terribles, es menester alguna vez, si no sacrificar, alomenos alterar la armonía.

Las antiguos eran extremadamente delicados sobre esta calidad accesoria del discurso, y entre otros principalmente Cicerón. Esta atención a la armonía de ningún modo contradice al género patético, en el cual las ideas fuertes y grandes dispensan de buscar los términos. Aquí sólo se trata de la disposición mecánica de las palabras, y no de la expresión en si misma, que es dictada por la naturaleza, al paso que la otra es arreglada por el oído.

Pero cuando la *coordinación armónica de* las palabras no puede conciliarse con la *coordinación lógica,* ¿qué partido podrá elegir un orador? Deberá entonces, y según los casos sacrificar ya la armonía, ya la corrección la primera, cuando quiera herir con las cosas, y la segunda cuando mover con las palabras; pero estos sacrificios siempre serán leves y muy raros.

En fin a muchos parecerá increíble la diferencia que causa en la armonía una palabra más o menos larga al fin de una frase, una cadencia masculina o femenina, y algunas veces una sílaba más o menos en el espacio de un miembro o inciso. Dice un autor: *Todos la aborrecían, y la despreciaban los más.* Esta final monosilábica es dura e ingrata: inviértase, y remataremos la frase con cadencia mas fluida y sonora, diciendo: *Todos la aborrecían: los más la despreciaban.*

3

NÚMERO ORATORIO.

Número oratorio se llama aquella melodía que nace de la medida y composición de las partes del discurso; pues a mas de la acentuación y coordinación de las palabras, la armonía exige otra condición no menos necesaria, y consiste en no poner notable desigualdad entre los miembros de un mismo período, en evitar los períodos excesivamente dilatados, y las frases muy ahogadas; porque el discurso no ha de hacer perder el aliento, ni volverlo a tomar a cada instante. En fin consiste en saber interpolar los períodos sostenidos y llenos con los que no lo son, para que sirvan de descanso al oído.

Pero la afectación, o sujeción violenta, enemigas de toda hermosura, no lo son menos en esta materia. El uso y el oído, mejor que un estudio penoso, podrán facilitar este tino delicado: y sobre todo una atención profunda en los grandes modelos enseñará más que todas las reglas. El escritor ejercitado percibe por una especie de instinto musical la sucesión armónica de las palabras, del modo que un lector diestro ve de una ojeada las sílabas que preceden y las que siguen.

El siguiente ejemplo nos podrá dar una idea de la fluidez del *número oratorio, la* que nace de la igualdad, discreta distribución, y armonía de los miembros del discurso. *La ruina de Tiro por Alejandro, y la situación feliz del promontorio, la infancia de la Italia, y las turbulencias de la Grecia acantonaron la industria mercantil en la plaza de Cartago, señora de las riquezas, y las navegaciones.* Esta oración, verdaderamente llena, corriente, y bien sostenida de períodos sonoros, perdería mucha parte de este mérito, si dijésemos, v. gr. *Acantonaron la mercantil industria en Cartago, señora de las navegaciones, y las riquezas.*

Pero aunque el discurso elegante siempre consta de una cadencia numerosa, ni tiene medida determinada como la poesía: así el escritor discreto evita que su prosa tome el *ritmo* riguroso de la versificación; pues se observa que toda prosa grata y sonora contiene muchos versos de cierta medida; más el orador que sabe interpolarlos y distribuirlos, comunica al discurso la hermosura y melodía del poeta sin darle su monotonía.

Otras veces, por no faltar al número se añade o repite una palabra que el genio gramatical de la lengua tal vez desecha. Alomenos el carácter usual del idioma castellano admite pocas repeticiones de partículas, que cortan casi siempre la fluidez de la base. En este *ejemplo: El fomento de las ciencias y artes, la* medida que falta en las últimas palabras quita el número y cadencia armónica a la frase; así diremos: El *fomento de las ciencias y las artes. La* repetición del artículo las, completa el número que busca el oído para no ser ofendido. Siguiendo el genio de nuestra lengua diremos sin perder el número: *Fue para su consuelo y satisfacción.* Pero sacrificando la corrección gramatical a la armonía diremos: *Perdió su honor y su fortuna*, repitiendo el pronombre su.

4
PROPIEDAD DE LA DICCIÓN.

Siendo principalmente la palabra y el ejercicio de esta preciosa facultad, lo que distingue al hombre del bruto, y aun de sus semejantes, la perfección del lenguaje merece el trabajo más serio, y pide las investigaciones más profundas. Sin embargo debemos confesar, que el examen demasiado escrupuloso de las menudencias gramaticales, siempre comunicará al discurso una sequedad y monotonía cansada. Con esto no pretendo justificar los pretextos de la pereza, y de la suficiencia presuntuosa de los que se creen privilegiados para escribir con propiedad y sin trabajo de su parte.

Como la propiedad de los términos es el carácter distintivo de los grandes escritores, su asunto, digámoslo ahí, debe estar anivelado con su estilo. Esta virtud es la que demuestra el verdadero talento de escribir, no el arte fútil de disfrazar con vanos colores las ideas comunes. De la propiedad de los términos nacen la concisión en los asuntos de controversia, la *elegancia* en los de amenidad, y la *energía* en los grandes y patéticos.

Pero, si alguna ves es verdad, que el cuidado prolijo de hablar con propiedad exacta corta el vuelo al ingenio, y enerva el vigor del talento, es cuando emprendemos escribir en una lengua muerta, o fundamentalmente desconocida. Entonces es cuando, perdiendo el tiempo en indagar, pesar y medir cada palabra, se amortigua la actividad del entendimiento más fecundo: entonces es imposible que el discurso no descubra la sujeción y el embarazo de la composición.

Preparémonos, pues, por un estudio serio y profundo de *nuestra* propia lengua; y las cosas se nos manifestarán al entendimiento con sus signos representativos. Entonces, únicamente ocupados del objeto que se propone, desplegaremos toda la riqueza de la *elocución con* aquel lucimiento y manejo que dan la facilidad y exactitud, adquiridas en el lenguaje.

Esta exactitud y propiedad tan necesarias dependen del conocimiento fijo y riguroso de la significación directa de cada palabra. Así es sumamente importante aprender a discernir las diferentes ideas parciales, que pueden encerrarse en el sentido general de una misma vez, distinguiendo en ella las ideas accesorias de la principal; asunto que vamos a tratar en el siguiente artículo.

Términos sinónimos

A la propiedad de la dicción pertenece la elección de estas palabras comúnmente llamadas sinónimos. El discurso carecerá de precisión y energía siempre que el pensamiento se anegue entre aquella profusión de palabras análogas, que quitan la rapidez, y por consiguiente la fuerza a la expresión.

La delicada diferencia o gradación que se halla entre los sinónimos, esto es, el carácter particular de estas voces que se asemejan como hermanas por una idea general y común a todas, las distingue una de otra por alguna idea accesoria y particular a cada una de ellas. De aquí viene la necesidad de elegirlas con acierto e inteligencia, colocándolas oportunamente para hablar con toda exactitud: calidad tan rara como preciosa en un escritor que quiere hacer sólido lo que en otros sólo es brillante.

Esta feliz elección, totalmente opuesta a la vana verbosidad, enseña a decir siempre cosas; enemiga del abuso de las palabras, hace el lenguaje inteligible; juiciosa en el uso de los términos, castiga y fortifica la expresión; rigurosamente exacta, destierra las imágenes vagas y generales, y todos estos correctivos indefinidos como, casi, a modo de, a poca diferencia, con que se contentan los entendimientos perezosos y superficiales. En fin es forzoso decir, que el espíritu de discernimiento y exactitud es la verdadera luz que en un discurso distingue al hombre sabio del hombre vulgar.

Para adquirir esta exactitud, el escritor elocuente debe ser algo escrupuloso en las palabras, hasta llegar a conocer que las que se llaman sinónimos no lo son con todo el rigor de una semejanza tan perfecta, que su sentido sea en todas un enorme; pues examinándolas de cerca se echa de ver luego que esta semejanza no abraza toda la extensión y fuerza de su significado; que solo consiste en una idea principal que todas incluyen indefinida y generalmente; pero que cada una diversifica a su modo por medio de una idea secundaria o accesoria, que constituye su carácter propio y particular. ¿Quién dirá que las palabras excitar, incitar, provocar se pueden usar indistintamente para una misma idea. Lo mismo digo de estotras *miedo, temor, timidez:* lo mismo de *espantoso, asombroso, horroroso.*

Por cierta idea mal entendida de riqueza caen muchos en esta pródiga ostentación de palabras: otras veces la incertidumbre e indecisión que padecen sobre el valor específico y propiedad de ellas les obliga a multiplicarlas para poder hallar entre muchas la que buscan. A la primera causa digo, que no es el valor numeral de las voces el que enriquece al lenguaje, sino el que nace de su diversidad, como la que brilla en las obras de la naturaleza; y a la segunda añado, que el que habla o escribe no tiene aquel pulso cierto y fino que pide el rigor filosófico de la elocución.

Cuando las palabras varían sólo por los sonidos, y no por la mayor o menor energía, extensión, precisión o simplicidad que las ideas tienen, en lugar de hacer rico al discurso, mas le empobrecen fatigando la memoria: esto es confundir la abundancia con la superfluidad, y hacer, como quien dice, consistir la magnificencia de un banquete en el número de los platos y no de los manjares. En fin respeto que entre las diferentes palabras que pueden hacernos sensible un pensamiento, sólo una es la propia, todas las demás, siendo de diverso grado de valor, debilitan o confunden la buena expresión.

Para poseer esta virtud tan esencial en el arte de comunicar sus pensamientos, es necesario un profundo conocimiento de la lengua en que se habla o escriba. El que carezca de esta virtud, usará, por ejemplo, de las palabras avenir, acomodar, reconciliar, sin advertir, que sólo se avienen las personas discordes por pretensiones u opiniones; que sólo se acomodan las que han tenido intereses, o diferencias personales; en fin, que sólo se reconcilian aquellas, que por malos servicios se habían hecho enemigas. He aquí tres actos de conciliación en general (y sólo en esto son sinónimos) pero con distintos fines y en distintas circunstancias.

Lo mismo digo de esotras voces estado, situación; la primera dice alguna cosa habitual y permanente, y la segunda la indica accidental y pasajera. Así podríamos decir: *Ni el estado de padre de familias pudo mudar la situación de su fortuna*. ¿Quién no ve igualmente la diferencia entre *placer, gusto, deleite, delicia*? Entre *socorro, ayuda, auxilio*? Y así de otros innumerables, que incluyen acciones, motivos y objetos deferentes, aunque abracen una idea común. Para manifestar esta diferencia, dice un escritor de cierto personaje: El vivía con austeridad, pensaba siempre con rigor, y castigaba con severidad.

Voces facultativas

Como los términos propios no son mas que aquellos signos, *orales* que el uso ha destinado para representar: precisamente las ideas que se quieren expresar, la exactitud del lenguaje depende también de la buena o mala elección de las voces técnicas o facultativas en cada arte o ciencia. Por falta de este conocimiento, cierto orador comparando las primeras operaciones de un hombre justo, que pelea contra las tentaciones del vicio, con las de un General de ejército antes de dar batalla, dice: *El buen General debe en primer lugar registrar los soldados*. Sólo los cirujanos registran, mas los Generales revistan.

Cada ciencia cada profesión tiene su vocabulario peculiar cuyo conocimiento es mas necesario de lo que se cree al buen escritor; pues como las palabras no son signos naturales, sino convencionales de las cosas, significan lo que los hombres han querido, habiéndolas destinado para un objeto, y no para otro; aunque con el tiempo el uso constante haya aumentado las diversas acepciones de una misma voz, de cuyo discernimiento depende hoy la *precisión* y la *claridad*.

¿Quién negará que el número tan corto de escritores correctos no provenga del descuido e ignorancia de una parte tan esencial de la elocución?

Para que se vean las diferentes acepciones de una misma palabra, la voz *columna* es un término propio de arquitectura, pero la física lo ha adoptado para expresar una columna de agua, una *columna* de *aire, etc*. Después la táctica le ha abrazado para significar ciertas maniobras y formaciones, columna de *infantería, marchar* en *columna, formar* en columna, etc.

Para hablar con propiedad debemos huir de los términos vagos y generales del lenguaje común y usual, siempre que queramos introducirnos en alguna profesión particular que tiene su idioma propio. Por ejemplo: medio es una voz general para significar la parte que está a igual distancia de dos extremos de cualquiera cuerpo u espacio; pero sería impropio decir: *La caballería rompió el medio del ejército*, en lugar de *rompió el centro*: palabra que tiene una aplicación determinad en las formaciones militares. Lo mismo podemos decir de esotra voz general *lado*, que en la formación de un batallón se expresa por *costado*, y en la de un ejército por *ala*.

También pertenece a esta clase la impropiedad accidental de aquellas palabras, digámoslo así, ya añejas, que casi en todas las facultades están desterradas, y se han substituido insensiblemente por otras nuevas a medida de los progresos de la cultura y mudanza de las cosas y de los gustos en cada siglo. Hoy se haría ridículo el escritor que dijese, no salgamos de la profesión de las *armas, peones por infantes; tropa aparejada por formada; cuernos por alas; hileras por filas; cabos por jefes; expugnación por sitio; gobierno por mando; presidio por guarnición; pláticas por conferencias, etc.*

Si sólo en el arte militar hay tanto que observar para no apartarse de un lenguaje puro, claro, y propio, ¿cuánto podríamos advertir sobre la política, náutica, física, medicina? ¿Cuánto sobre la filosofía racional, que multiplicando y subdividiendo las ideas, ha mudado o multiplicado las voces o las acepciones de las ya recibidas? Así no diremos hoy el *entendimiento, sino* la *mente* de la ley: las *partidas, sino las partes* del mundo; disciplinas, sino conocimientos humanos; barbarería, sino barbarie de una nación; discreción, sino discernimiento de lo bueno, etc. Y como esta gran diversidad de diccionarios técnicos compone la lengua científica de una nación, el escritor elocuente, ya que no pueda poseer todas las profesiones, debe a lo menos no ignorar su lenguaje.

Con el diccionario general y familiar, y difusos circunloquios, es verdad, podríamos tratar casi todos las objetos del entendimiento humano; pero entonces el físico no se distinguiría del herrero, ni el astrónomo del pastor. Además de esto, como el escritor no puede perder de vista la elegancia y la precisión, los rodeos y el desenlace que suele padecer el lenguaje común en materias científicas, hacen el estilo flojo y bajo, y casi siempre vaga la expresión. Por ejemplo, quiero encarecer dos propiedades del oro, y digo con una enunciación fluida y redonda: La *ductilidad y maleabilidad del oro aumentan su estimación.* Pero con el lenguaje común diré sin número ni concisión: *La facilidad y disposición que el oro tiene de ser tirado y amartillado aumentan su estimación.*

Nadie puede exigir al escritor mas docto que sea a un mismo tiempo *táctico, físico, arquitecto, náutico;* pero la fuerza y nobleza de expresión piden el lenguaje de tales, cuando describe o compara alguna acción marcial, los arcanos de la naturaleza, los fenómenos celestes, las proporciones en las artes, y los progresos de la navegación.

Tampoco pretendo que el orador hable con la ostentación científica de un *disertador* que quiere brillar, o de un profesor que dogmatiza; ni que se interne en los secretos y en la teórica más fina de cada arte y ciencia. Bastará que use siempre de los términos de una acepción más general y conocida, pero siempre peculiares de la materia; y aun esto solamente en los símiles, comparaciones, paralelos, alegorías, emblemas, etc. que siempre han de conservar el lenguaje del objeto de donde se sacan, el cual debe ser por esto de los más generalmente conocidos. Pues se haría ininteligible y ridículo el orador que olvidándose de que habla a la mayor parte de los hombres, hiciese demasiado científicas sus expresiones, mayormente las metafóricas, que no emplea por necesidad sino para adorno. Sería ridículo y oscuro el que dijese: la *explosión* de su ira, la oscilación de su conciencia el *movimiento retrógrado* de los estudios pudiendo decir con más claridad y propiedad: el *desahogo* de su ira, los latidos de su conciencia, la *decadencia* de los estudios.

En fin pertenecen a la impropiedad de la dicción aquellas palabras, que aunque tengan una misma significación general, el uso y la exactitud las aplican a distintos objetos, pero comprehendidos bajo de una misma idea. Aunque estas palabras *instituto, estatuto, institución, regla, ordenanza* abracen una misma idea general, y que en siglos antecedentes se sirviesen de ellas indistintamente la mayor parte de nuestros escritores, el uso actual les ha dado la siguiente determinación así diremos hoy: los *institutos* religiosos, los *estatutos* de la academia, las *instituciones* sociales, la *regla* de San Agustín, las *ordenanzas* de la infantería.

Serían innumerables los ejemplos que podríamos presentar en prueba de que cada siglo determina una parte de la lengua a medida que las costumbres y los conocimientos se alteran, depuran, o multiplican.

5
ELECCIÓN DE LAS PALABRAS.

Del arte del artífice saca su estimación la materia más común: así podemos decir que las palabras no tienen otro valor que aquel que se les da. Y como ellas son los signos *representativos* de muestras ideas, deben nacer de éstas, porque ordinariamente las buenas expresiones están unidas a las cosas, y las siguen como la sombra al cuerpo. Sería, pues, un grande error creer que se hubiesen de buscar fuera del asunto: lo que importa es saberlas escoger, y emplear cada una en su lugar.

Sin embargo el orador no debe atormentarse disputando con cada palabra, y con cada sílaba: trabajo y delicadeza infructuosa, que no puede dejar de apagar el calor del sentimiento y de la imaginación.

Palabras figuradas

Es una maravilla ver como unas palabras que se hallan en boca de todo el mundo, y que en sí no tienen hermosura alguna particular, adquieren de repente cierto lustre que las hace del todo diferentes, manejadas con arte y aplicadas a ciertas acciones. La palabra *relampaguear,* como efecto de la acción de inflamarse el rayo, es un término propio y sencillo; mas cuando el poeta la usa para expresar la vista airada de un hombre, dice: *sus ojos relampaguean;* y entonces parece que brillan con mas vivacidad.

Un elocuente historiador, pintando el estado del Asia después de la época del mahometismo, dice: El *Asia abrumada por el poder arbitrario.*

y *hollada* de bárbaros conquistadores, se divide en vastas soledades: *teatro* de desolación, que no merece la *vista* de la historia. De las palabras *abrumada, hollada, teatro, vista, colocadas* aquí por un modo metafórico, ¿qué viveza, fuerza y brillantez no adquiere la expresión.?

Palabras enérgicas

La *energía* dice más que fuerza, y se aplica a los rasgos *pintorescos*, y al carácter de la dicción. Pero un orador puede reunir la fuerza del raciocinio, y la energía de la expresión; entonces las pinturas serán enérgicas porque las imágenes serán fuertes. La *energía* no es más que aquella representación clara y viva que nos pone los objetos a la vista por medio de ciertas imágenes, que siempre serán confusas, si no son presentadas con el término propio.

Del Mariscal de Turena dice un orador: *Viéronle en la batalla de Dunas arrancar las armas de las manos de los soldados extranjeros encarnizados contra los vencidos con brutal ferocidad*. En lugar de *arrancar, podía* decir *quitar*, y en vez de *encarnizados* enfurecidos. ¿Pero las dos últimas palabras tendrían la misma fuerza y energía que las primeras? ¿La palabra *arrancar* no nos demuestra la fuerza y tenacidad con que tenían empuñadas las armas, y por consiguiente el poder de quién los desarmó? *Encarnizados*, ¿no nos presenta la imagen de un lobo, que agarrado con la presa, se *ceba* en sus miembros? Esta feliz elección de las palabras es la más evidente prueba del vigor de los ingenios que saben dar cuerpo a las cosas que han de hacer la mayor sensación.

Otro célebre escritor, hablando de Nerón en sus últimos años, dice: Era un *Príncipe cangrenado de vicios*. Podía haber dicho *infectado* de vicios; pero ya es palabra menos enérgicas como más general, en cuanto no indica cierta enfermedad, ni una enfermedad terrible, irremediable, y sensible a la vista, la más propia para esta comparación de lo moral con lo físico. Podía haber dicho *corrompido*, palabra mas vaga, y que por lo mismo que dice mucho, nada expresarla aquí. En fin podía haber dicho *lleno* de vicios: palabra aún mas vaga e indeterminada, porque, además de no incluir en sí en mal sentido todas las cosas están llenas en la naturaleza hasta el espacio mismo, considerándole matemáticamente.

Moisés dice en su sublime cántico: Enviaste, Señor, tu ira, que los devoró como una paja. ¡Qué bella imagen! Una *paja* en un instante se consume: *devorar* es quemar aniquilando; *devorar* como una paja dice una acción instantánea: y este modo, y esta acción contra un ejército innumerable! El lenguaje humano no puede representarnos mas formidable y poderosa la ira de Dios.

Si para hacer impresión es menester hablar bien, para hablar bien es aún mas necesario encontrar aquella palabra que excite en el oyente todas las ideas que el orador concibió sobre su objeto.

Palabras fuertes

La expresión será fuerte, siempre que las palabras no sean generales, y de un sentido vago o muy extenso. Las más vivas y enérgicas son las propias para presentar las cosas, por ejemplo: la palabra dañar la honra, es mas general y vaga, y por consiguiente mas débil que estotra *herir* la honra. Lo mismo podemos decir de la palabra *vencer*, mas extensa y menos viva que *derrotar,* que incluye siempre la idea de victoria envuelta con gran pérdida, o general destrozo en las tropas: así diremos: Aníbal *derrotó las legiones Romanas de Varron.*

Si es cierto que la mayor parte de los hombres piensan mejor que hablan, ¿á qué, pues, lo atribuiremos sino a la dificultad de encontrar los signos mas sensibles de sus ideas? Por esto vemos que casi todos conocen el valor y mérito de la buena expresión de los grandes ingenios, y no son capaces de producirla: ellos son heridos, y no pueden herir.

Palabras definidas

Para hablar con fuerza y energía es necesario huir do las *palabras indefinidas,* que no siendo rigurosamente determinadas, dejan el sentido vago en algún modo, representando los objetos de una manera abstracta y demasiado genérica.

Dice cierto autor hablando de un Rey cuyas acciones debían ser como de tal: *sublimidad de acciones remonte de pensamientos.* ¿No es mas terminante, mas natural, y menos oscuro decir: las *acciones sublimes nacen de elevados pensamientos?* Los nombres *sublimidad y remonte son* abstractos, y por tanto muy espirituales para que su fuerza se haga sensible a todos. Además, su significación, no determinada por el artículo definido, es más extensa y vaga, y el pensamiento es muy oscuro por faltarle la asociación de ideas intermedias, que fijan mejor los objetos que el lector debe percibir.

Dice otro escritor del mismo siglo y gusto: *Más crece el cedro en un día que el hisopo en un lustro, porque robustas primicias amagan gigan-*

teces ¿No era más claro, fácil y natural decir; *porque el que ha de ser gigante nace ya con corpulencia?* Las palabras primicia, y gigantez son abstracciones; en número plural componen una colección de abstracciones; y la supresión del artículo las forma una abstracción todavía mas general, y vaga.

Todas las expresiones vagas e indeterminadas hacen oscuro, fijo y lánguido el estilo; no persuaden, porque prueban poco; no mueven, porque no presentan objetos claro, y determinado; no deleitan en fin, porque se apartan de la naturaleza.

Pero como es más fácil hallar el género que la especie, por esto hay pocos escritores que, traigan la convicción con sus palabras, esto es, que empleen aquellas más propias, más particulares y características de las cosas para fijar sobre éstas toda nuestra atención. Si digo de Calígula: *fue un Príncipe malo,* nada digo, nada especifico; porque otros príncipes lo han sido sin serlo en tanto grado, ni del modo que Calígula. Si hablando de la fluidez *del azogue,* dijo: *es una verdad notoria,* digo poco; si: *es una verdad visible, digo* más, porque doy a un objeto espiritual, como es la verdad, materia y color; pero si digo: es *una verdad palpable*: no puedo decir más, porque entonces le añado cuerpo y solidez.

Epítetos

Los *epítetos* contribuyen en gran parte a la fuerza, energía, y nobleza del discurso, mayormente cuando son figura dos: ejemplo: *Las manos triunfantes de Alejandro, los estandartes victoriosos del Imperio, encopetada estirpe, etc.*

Los *epítetos* verdaderamente estimables son los que añaden alguna idea al sentido de la frase, de modo que suprimidos, ésta pierda gran parte de su mérito. Así vemos que unos añaden gracia, como éstos: la *risueña* aurora, las *doradas* mieses; otros dignidad, como *augusta estirpe, venerable* antigüedad; otros dan incremento, como *poder supremo, valor intrépido, mar* inmenso; otros dan cierta energía, corno: clamor *profundo,* combate *encarnizado, luz moribunda; otros* dan vehemencia como ladrón *desalmado,* tirano *desapiadado* otros ilustran y explican la cosa que acompañan, y le sirven como de definición, así decimos: moral *evangélica,* censura *teológica, poder arbitrario, gloria eterna.* En estos ejemplos el epíteto determina el sentido demasiado general y vago del sujeto.

Otros epítetos deben adecuarse rigorosamente a la cosa, formando, si puede ser, su atributo, como aquí: *El piadoso Numa suavizó su pueblo con la religión. El temerario Carlos XII pereció en el peligro que buscaba.* Los epítetos *piadoso, y temerario* son exactamente adaptados, el uno a la obra de instituir la religión, y el otro a la acción de exponerse un Rey como un gran granadero. Este feliz discernimiento en los epítetos constituye su *congruencia* con las acciones o situaciones de los sujetos que revisten. Si de Numa dijésemos: el justo Numa, y de Carlos XII: el *generoso* Carlos; aunque estos epítetos señalan calidades que cada uno de estos Príncipes poseía, cometeríamos notable incongruencia; porque los hechos que aquí se refieren no tienen relación a la justicia, ni a la generosidad.

En fin el epíteto debe siempre decir algo, porque si sólo tiene una conveniencia general y remota con la persona o cosa que acompaña, es inútil y embarazoso. Los epítetos de esta naturaleza hacen forzosamente el estilo laxo, frío, y afectado. Por lo que hablando de las guerras civiles de la Francia, por ejemplo, podremos decir: Estos dos partidos *implacables se sustentaban con la sangre inocente del pue*blo. Los dos epítetos añaden a la idea principal otras secundarias que nos caracterizan las circunstancias de aquellas guerras: como la de *implacables*, que demuestra la obstinación en no perdonarse, ni ceder las dos facciones; y la de *inocente*, que pinta el pueblo sacrificado a la ambición de los grandes. Pero diciendo: *partidos crueles, sangre preciosa,* diríamos una verdad, mas no la que caracterizase los tiempos y las cosas.

Para conocer el verdadero valor de un epíteto, véase si poniendo otro en su lugar, este diría más que el primero: siempre que expresase más, sería una prueba que el autor no encontró el epíteto característico del hecho o sujeto en aquella ocasión o circunstancia.

Si es verdad que los epítetos, son muchas veces el alma y la robustez del discurso, también le confunden y embarazan cuando se multiplican pródiga e indiscretamente.

Además un epíteto fuera de tiempo, y, puesto sin necesidad, debilita el vigor de la expresión, por ejemplo: Resistía las *molestas injurias del tiempo como un duro mármol. El* epíteto molestas es superfluo, porque las injurias lo son; también lo es el otro duro, porque no añade a la palabra mármol alguna idea que ella no encierre en sí misma. Lo mismo podemos decir de estotra oración: No *pudo vencerla ni a fuerza de suspiros exálados, ni de lágrimas vertidas.* Los epítetos *exálados, y vertidas* están puestos sin necesidad, y par tanto se han de mirar como ociosos y redundantes.

Palabras colectivas

Para que el pensamiento conserve toda su extensión y fuerza en corto espacio, esta es, para decir con una palabra lo que no se puede expresar sino con muchas, usamos en ciertos casos del número singular en vez del plural. Así dice Moisés en su cántico: El *Señor ha precipitado en el mar el caballo y el caballero.*

Este singular, que abraza la totalidad de los caballos y de los jinetes, es mucho más enérgico que el plural; porque aquí es mucho más propio para demostrar la facilidad, prontitud, y aun instantaneidad de la sumersión no menos que de la innumerable caballería egipcia, que cubría inmensas llanuras.

Además el número singular indica un solo instante, un solo esfuerzo, un solo golpe de la diestra de Dios para consumar una obra, en que las fuerzas humanas necesitarían de la sucesión de repetidas victorias. El singular también expresa que Dios ha abismado un ejército entero como si hubiese sido un caballo y un jinete solos. Cuando Calígula, convencido de su impotencia, deseaba que el Pueblo Romano no tuviese mas de una sola cabeza, sin duda tenía la misma idea.-

Del mismo modo podemos decir: *El hombre llegó a desconocer a su Criador.* Este singular *hombre* forma un sentido mas universal, que no sólo incluye todos los hombres, mas en algún modo abraza la misma naturaleza humana. Así dice el Génesis: *le pesó a Dios haber criado el hombre,* esto es, la *especie humana.* Del mismo modo decimos*: el pobre come el pan de lágrimas: el rico se sacia de delicias; como* si dijésemos: *todos los pobres; aun* es más, el *estado o condición de pobre,* que abraza los pasados y presentes. Del mismo modo, y en el mismo sentido decimos*: el soldado defiende las leyes:* e*l labrador sostiene el estado.*

Decencia

La majestad oratoria destierra de la elocución todas las palabras obscenas, todas las expresiones torpes e indecentes. La *Perífrasis*, u otro *tropo* bien manejado, pueden encubrir la idea, y suavizar la expresión. Es importuno triunfó de su resistencia, dice uno, en lugar de: la forzó.

PARTE II
DEL ESTILO

Antes de discurrir sobre los tres *géneros* del estilo oratorio, vamos a tratar de sus calidades generales, que forman la segunda parte de la elocución; y son: *orden, claridad, naturalidad, facilidad, variedad, precisión y dignidad.*

El estilo en general no es otra cosa que el aire o manera de enunciar las ideas; la que diferencia y caracteriza los escritores, como la fisionomía las personas. Así uno es *fluido, y* otro duro; uno conciso, y otro *difuso;* aquel claro, y éste oscuro, etc.

Todo estilo debe ser correcto, claro, preciso, y natural; pero el estilo oratorio; a más de esto, ha de ser fácil, variado, elegante, harmonioso, y congruente: calidades en que se cifra el talento del escritor, y por lo mismo más particulares, raras y difíciles.

El estilo, que es el alma de toda elocuencia, distingue al orador del filósofo, y del historiador, pues, como dice un célebre hombre, el filósofo debe sentir y pensar, el historiador pintar y sentir; mas el orador debe sentir, pensar y pintar. El raciocinio basta el primero, las imágenes al segundo; pero el tercero no puede pasar sin el sentimiento.

6
ORDEN

No basta mostrar al alma muchas cosas, si no se le muestran con orden. De este modo, acordándonos de lo que hemos oído, empezamos a imaginar lo que oiremos; y entonces nuestro entendimiento se complace, digámoslo así, de su capacidad y penetración.

Pero en el discurso en que no reina orden, el alma ve que el que ella quiere ponerle se confunde a cada instante. A este orden general de todo estilo, que hasta nuestros tiempos había sido poco observado casi de todos los escritores, se puede añadir la *coordinación oratoria* de las palabras, de donde la expresión saca cierta energía y aire de novedad, que no se pueden siempre definir.

Coordinación oratoria

Nadie creyera el poder de un término puesto en término opuesto en este u esotro lugar de la frase. Esta feliz combinación de los signos de nuestras ideas comunica al estilo cierta viveza, cierta fuerza, que no nace ni de la propiedad, ni de las imágenes, sino del lugar que las palabras ocupan en el discurso.

En nuestra lengua el orden de las palabras sigue comúnmente, más que en otras, el de la generación de las ideas: orden apreciable para la claridad, y el mérito didáctico; y que cuando se observa con rigorosa uniformidad, hace lánguido el estilo. Pero las inversiones retóricas que admite la elocuencia, pueden quitar esta sujeción.

Ejemplo del orden natural: La *justicia la verdad son los primeros oficios del hombre, y la humanidad y la patria sus primeros sentimientos.* - Orden oratorio: *Justicia y verdad: he aquí los primeros oficios del hombre; humanidad y patria: he aquí sus primeros sentimientos.* -Orden natural: *Vemos a los orgullosos Califas, cobardes sucesores de Mahoma, temblar en medio de su grandeza.* - Orden oratorio: *Vemos estos cobardes sucesores de Mahoma estos orgullosos Califas, temblar* en *medio de su grandeza.* ¿Qué distinta fuerza, y energía tienen estas palabras *justicia y verdad,* y la otra, estos Califas, puestas por un modo demostrativo, o como emblemático en un lugar que llama la atención del lector?

Otras veces no se causa menor efecto poniendo una suspensión, aunque sea momentánea, para invertir el orden lógico que debieran seguir los miembros del discurso. Ejemplo de orden natural: *Los Grandes benéficos y afables pueden gozar de las dulzuras de la sociedad, que son el mayor bien de la vida humana.* -Orden oratorio: *Los Grandes benéficos y afables pueden gozar del mayor bien de la vida humana; sí... de las dulzuras de la sociedad.*

En fin hay términos que tienen su fuerza particular, y que por la misma razón deben ocupar en la frase un lugar distinguido, a fin de que causen un efecto mas sensible. En las quejas que Clytemnestra da al famoso Agamenón le dice: *Esta sed de reinar inextinguible, el orgullo de ver veinte Reyes que te sirven y te temen, todos los derechos del imperio confiados en tus manos, ¡CRUEL, los sacrificas a los Dioses!* Esta palabra *cruel* está de tal modo puesta en su lugar, que perderla su valor en otro cualquiera.

Véase la impresión que puede causar una palabra puesta en lugar señalado de esta frase: *Romanos! ¡Qué fuerza no tuvo esta palabra en boca de César! apaciguó una legión.* Dígase por un orden común y natural: *¡Qué fuerza no tuvo en boca de César esta palabra, Romanos! que apaciguó una legión!*

¿Cuánto adorna y ennoblece al discurso este *orden oratorio,* que coloca las palabras en el lugar preciso, para que logren todo su efecto? ¿No se dá con esta ingeniosa discreción una forma nueva a lo que es muy común y muy antiguo?

CLARIDAD

El hombre elocuente siempre huye de las expresiones afectadas, que embarazan y confunden el estilo. y de los discursos enredados y oscuros, que parece que dicen mucho, y al fin nada dicen.

Algunos, queriendo parecer profundos, se hacen oscuros, y no presentan a la razón un sentido perceptible. Todos los que quieren tratar la materia que no entienden, gastan una expresión oscura; porque nadie puede enunciar clara, limpia y distintamente sino las ideas que concibe con claridad, limpieza y distinción. Esta es la razón por que vemos en las composiciones de los jóvenes retóricos tanta confusión y oscuridad; pues pocos maestros han querido entender, que es imposible que escriban bien unos hombres que aún no han aprendido a pensar.

Otros también se hacen oscuros a fuerza de querer ser brillantes, cuando expresan con términos demasiado figurados y estudiados, lo que sólo pide natural simplicidad. Así los que sin haber estudiado los grandes modelos de la elocución, ni analizado el gusto puro y natural, pretenden distinguirse por un estilo brillante, se exponen a deslumbrarse a sí mismos; porque es fácil que juzguen del mérito de su obra por el trabajo que les cuesta.

Otra de las calidades principales del estilo oratorio en general es la perspicuidad, quiero decir, aquella enunciación limpia, despejada y luminosa que hace visibles nuestras ideas al mayor número de los oyentes. Esta calidad, pues, consiste en disponer de tal modo las ideas que concurren a probar una verdad o ilustrar una proposición, que se hagan, si es posible, comprensibles a todos.

Por esto el orador allanará los asuntos por sí arduos y profundos, formando, por decirlo así, una línea de comunicación entre sus pensamientos y la capacidad de los oyentes; porque el pensamiento muy nuevo o muy peregrino, es como la cuña, que nunca podrá penetrar por el lomo.

Tampoco basta que las ideas sean claras y grandes: es menester además una expresión despejada y enérgica para comunicarlas. Y como los términos son signos representativos de nuestras ideas, éstas serán oscuras siempre que lo sean aquellos; quiero decir, siempre que su significación no sea exactamente determinada.

Generalmente todo lo que llamamos expresiones felices son los modos mas propios para producir limpiamente un pensamiento. Así podemos decir que casi todas-las reglas del estilo en general se reducen a la claridad. Pues si los equívocos son reputados en cualquiera escrito por un vicio capital, es porque lo equívoco de la palabra se extiende a la idea, y la oscurece oponiéndose a la viva impresión que causaría. Si se pide a un escritor variedad en el estilo, ligereza y rapidez en la frase; es porque los rodeos monótonos y uniformes fatigan la atención; y una vez entorpecida, las ideas y las imágenes se presentan menos claras y vivas al entendimiento, y hacen en nosotros una impresión muy débil. ¿Por qué se requiere precisión en el estilo, sino porque la expresión más corta, siendo propia, es siempre la más clara? Así todo lo que se le añade es siempre insípido y repugnante. ¿Por qué se exige pureza y corrección, sino porque ambas cosas traen consigo la claridad? ¿Por qué en fin los escritores que producen sus ideas con imágenes brillantes gustan tanto, sino porque haciendo más palpables y distintos sus pensamientos, precisamente los hacen más claros?

En fin este espíritu de claridad o perspicuidad no es otra cosa que el talento de saber acercar las ideas unas a otras, enlazar las más conocidas con las que lo son menos, y producirlas con las expresiones más precisas.

8

NATURALIDAD

El estilo natural nos encanta con razón, porque, como dice un insigne escritor, esperamos hallar un autor, y hallamos un hombre. La expresión más brillante pierde su mérito siempre que descubra el arte, porque este estudio nos manifiesta un escritor más ocupado de sí, que del asunto que trata; y como la afectación del estilo daña también a la expresión del sentimiento, padece necesariamente la verdad.

El mejor medio para conocer si el estilo tiene aquella naturalidad rara y preciosa es ponerse primeramente en lugar del autor y suponiendo que hubiésemos de producir el mismo pensamiento, ver si sin esfuerzo ni aliño lo enunciaríamos del mismo modo. Un hombre vulgar teniendo que producir un sentimiento noble, lo expresará con un adorno estudiado, porque sólo el hombre grande halla los sentimientos sublimes dentro de su alma. Por lo mismo los rasgos verdaderamente elocuentes, como ya hemos dicho, son los más fáciles de traducir, porque la grandeza de su pensamiento subsiste de cualquiera modo que se presente, y no hay lengua que se niegue a la expresión natural de un sentimiento sublime.

Pero aquí conviene que distingamos la *naturalidad* de la *sencillez*. Lo sencillo nace del asunto, y por consiguiente nace sin esfuerzo; y como sólo debe ser inspirado por el sentimiento, se opone a todo lo que exige reflexión. Así podremos decir, que todo pensamiento sencillo es natural; mas no todo el que es natural es sencillo: este es el que menos debe al arte; así no puede sujetarse a reglas.

Lo natural también pertenece al asunto, mas no se descubre sino con la reflexión, y sólo se opone a lo afectado. Por lo mismo este estilo puro y noble condena los equívocos, los retruécanos, las paranomasias, los reparos, las paradojas, todos los conceptos y sutilezas ingeniosas, enigmas misteriosos, y retorsiones que violentan la naturaleza y atormentan la razón.

9
FACILIDAD

No basta que el estilo sea metódico, claro y natural; debe también ser fácil, esto es, no debe descubrir trabajo alguno. Entre las principales gracias de Cicerón se cuenta la facilidad de su estilo; donde si alguna vez se trasluce algún leve estudio, es en la colocación de las palabras para componer la armonía.

No hay cola mas opuesta al estilo fácil que el lenguaje figurado y poético, cargado de un enorme fárrago de metáforas y de continuos antítesis. Este es el más opuesto, principalmente a la elocuencia del pálpito, aquella que debe ser el tierno y sencillo lenguaje de un corazón penetrado de las verdades que va a predicar a los hombres.

10
VARIEDAD

Si es menester orden en la expresión, no es menos necesaria cierta variedad, sin la cual el alma se fastidia y pierde la atención. Los hombres quieren ser movidos; así todos buscan objetos nuevos que varíen sus sensaciones. El perezoso negro se sienta al pie de un arroyo para divertir y ocupar la vista con la rápida sucesión de las ondas; y la agitación continua de la llama hace preferir el fuego de las chimeneas: por esto se dice muchos siglos ha, que *la lumbre hace compañía.*

No basta que una obra sea nueva en el plan, si es posible, debe serlo en todas sus partes. El lector quisiera que cada pasaje, cada período, cada línea, cada palabra le excitase una impresión nueva: así vemos que la elegancia, la corrección, y la misma armonía cansan; mas no cuando cada expresión presenta una imagen, o idea nueva.

Si la parte de una pintura que se nos descubre se pareciera a la que acabamos de ver, este objeto sería realmente nuevo sin parecerlo, y nunca nos podría deleitar. Mas como todas las hermosuras del arte, igualmente que de la naturaleza, solo consistan en el placer que nos causan, es necesario que sean variadas, para que el alma sienta nuevos gustos en las nuevas ideas que reciba. Por esto los que quieren instruir deleitando, modifican lo más que pueden el tono siempre uniforme de la instrucción.

Una larga uniformidad lo hace todo insoportable. La repetición de la misma palabra en un corto espacio del discurso, el mismo orden de períodos mucho tiempo continuado cantan en cualquiera escrito, del modo que los mismos números y cadencias fastidian en un poema. Por esto el que caminase todo un día entre dos calles uniformes de álamos se rendiría de tristeza; muy diferente de otro que atravesase los Alpes, siempre embelesado entre aquella variedad de deliciosas situaciones, y puntos de vista que encantan al caminante.

Hay estilos que parecen variados y no lo son; y otros que lo son y no lo parecen. El estilo matizado de florecitas y sentencillas, bordado de menudas sutilezas, de énfasis y antítesis imperceptibles embaraza al alma por su oscuridad y confusión: así como un edificio de orden gótico, por la variedad y enredo de sus laborcitas, y pequeñez de sus adornos es una fatiga para la atención, y para la vista un enigma.

Al contrario, el estilo tejido de frases claras, períodos llenos, términos nobles y sencillos, magníficas transiciones, y pensamientos grandes deleita a las personas de todos los siglos y países. Este estilo, por no salir de la misma comparación, es como la arquitectura griega, que parece uniforme y tiene las divisiones necesarias para ver precisamente todo lo que podemos sin fatigarnos, y lo que basta para tenernos ocupados.

Es menester que las grandes cosas tengan grandes partes: los gigantes tienen grandes brazos, los cedros grandes ramas, y los Alpes se forman de grandes montañas. El estilo noble en los objetos magníficos debe tener pocas divisiones, pero grandes: y esto comunica al discurso cierta majestad que no puede dejar de percibirla el alma.

Muchas veces el orador, queriendo hacer variado el discurso por medio de las contraposiciones, al paso que le pone cierta simetría, también le da una viciosa uniformidad. Pues algunos piensan a fuerza de situaciones contrarias animar un discurso por sí frío, disponiendo el principio de cada frase en oposición con el fin: defecto muy común en los autores de la baja latinidad.

Además, este estilo no es natural; porque le hallamos tan poca variedad, que cuando hemos visto una parte de la frase, adivinamos siempre la otra que sigue. Es verdad que hay en él palabras opuestas, pero opuestas de una misma manera: vemos una contraposición en la frase, mas siempre la misma; ¿y ésta tomada en general, no es una fastidiosa uniformidad?

Así como se observan en el estilo ciertas calidades esenciales y fundamentales, hay otras secundarias, y por decirlo así, accidentales que hoy distinguen más que nunca a los escritores, y son *precisión y nobleza.*

PRECISIÓN

La precisión, hija de la exactitud y claridad de entendimiento, necesarias para no cargar de impertinencias el asunto, separa las cosas verdaderamente distintas, a fin de evitar la confusión que nace de la mezcla de las ideas: por consiguiente es una calidad apreciable en todos los asuntos, y que conviene a todos los géneros de estilos y de obras.

Las ideas *precisas* dan fuerza hasta al lenguaje común y ordinario, y le comunican cierto *sublime:* pues cuanto más simples y sensibles son las verdades, más precisión requieren. Dígalo la geometría, que por ser la ciencia más cierta y clara, busca el mayor rigor de la precisión.

Pero es menester que distingamos la precisión de la *concisión*: ésta mira a la expresión como la otra a las ideas; desecha los términos superfluos, condena los circunloquios inútiles, y siempre se sirve de las palabras más propias y vivas. En fin podemos decir, que así como el objeto de la *precisión* es la cosa que se dice, el de la concisión es la manera con que se dice: la primera se dirige al hecho, y la segunda abrevia su expresión.

La concisión debe reinar en las definiciones, en la argumentación, en las breves narraciones, sentencias, etc. porque lo *difuso* es tan contrario de lo *conciso*, como lo *prolijo* de lo *preciso, y* lo *extenso* de lo *sucinto*.

Últimamente para dar una breve idea de lo preciso, conciso, y sucinto, podemos decir, que a lo *preciso* nada puede añadírsele que no lo haga *prolijo*, y a lo *sucinto* nada quitársele sin hacerlo oscuro; pero lo conciso, siempre que se le quite o añada, quedará oscuro o difuso.

12
DIGNIDAD.

No basta que la dicción sea decente: debe ser noble. El discurso oratorio respira siempre dignidad, desechando las locuciones bajas, populares o demasiado comunes.

Este vicio común a muchos escritores, célebres por otra parte, se nota palpablemente en estas expresiones: *Estos mismos varones, que vemos hoy en los cuernos de la luna,* pudiendo haber dicho con dignidad: que *vemos hoy ensalzados, o* bien *en la cumbre de la fortuna, etc.* Lo mismo diremos de estotra: *el vicio señorea, la virtud anda por los suelos*; pudiendo decir con más nobleza: la vir*tud está abatida, u hollada, etc.*

Esta desigualdad, que se nota en muchos escritores antiguos muy acreditados, nació de que no querían castigar su estilo, o de que la poca delicadeza en las costumbres influía directamente en el lenguaje.

ARTÍCULO I. DE LOS PENSAMIENTOS

Como el estilo en general puede ser considerado por dos respetos diferentes, o por el modo más o menos feliz de expresar los pensamientos, de que hemos ya tratado, o por el de concebirlos y producirlos juntamente, le analizaremos aquí en este último sentido.

Para escribir bien es menester moblar la memoria de una infinidad de ideas accesorias al asunto que se trata; y en este concepto sólo carece de estilo el que carece de ideas. Por esto vemos muchos hombres que escriben con excelencia en un género, y en otro con infelicidad; no porque ignoren el aire de la frase, ni la corrección del lenguaje en general; sino porque están destituidos de ideas en aquella materia.

Los pensamientos vienen a ser el cuerpo del discurso, y la elocución su vestido; porque las palabras siendo para las cosas, sólo son destinadas para enunciar, y cuando más, para hermosear las ideas. Entonces las expresiones mas brillantes, si carecen de sentido, se han de mirar como sonidos vanos y despreciables.

Al contrario, un pensamiento puede ser sólido y grande aunque le falten los adornos porque lo verdadero, de cualquiera modo que se presente, siempre es estimable; así, cuando el orador ponga algún cuidado en las palabras, sea después de haberlo puesto él las cosas; pues aquellas no pueden ser propias y exactas, si no nacen de los mismos objetos que se tratan.

Pensamientos verdaderos

La primera y fundamental virtud de los pensamientos ha sido siempre la verdad, sin la cual los más nobles, o que lo parecen, son intrínsecamente viciosos. Y como las ideas vienen a ser las imágenes de los objetos, del modo que de las ideas lo son las palabras, y por otra parte los retratos sólo se llaman fieles en cuanto semejantes al original, todo pensamiento será verdadero cuando represente las cosas como son en sí mismas.

Aunque la verdad es indivisible, los pensamientos serán más o menos verdaderos, según la mayor o menor conformidad que guarden con los objetos. La entera conformidad constituye lo que llamamos exactitud del pensamiento, como la de un vestido perfectamente ajustado al cuerpo. Así todo pensamiento, para ser exacto ha de ser verdadero contemplado todas sus caras, y examinado desde todas las distancias.

El pensamiento que sólo cuadra con el objeto por el lado que lo toma el autor, y a una distancia remota, nunca será sólido; porque a la verdad, hay pensamientos que deslumbran a primera vista, pero examinados de cerca desaparecen como el humo.

Para dar una prueba de cuan sujetos están al error aun los ingenios más eminentes, citaré algunos ejemplos del siglo en que la manía de los emblemas dispensó a muchos el pensar. *Nace el valor, no se adquiere: patrimonio es del alma.* Este pensamiento es falso. El hombre nace cobarde, porque nace endeble e ignorante. La experiencia de sus fuerzas, de su habilidad, o de su fortuna en los peligros le da confianza, y de ésta nace el valor: así la diferencia del soldado veterano al visoño no consiste en otra cosa. Por otra parte la necesidad hace al hombre valiente: tal defiende con intrepidez su casa, que no embestiría la agena. Hay héroes que fueron cobardes la primera mitad de la vida, y valientes la otra mitad. ¿Dónde está el valor innato? ¿Qué cosas no podríamos decir sobre esta sentencia magistral y otras innumerables, que cien autores repiten ciegamente, y cien mil lectores adoptan sin reflexión?

Es muy común, decir en elogios de algunos personajes ilustres: *Sus generosas acciones eran hijas de la sangre que corría por sus venas.* Para que este pensamiento fuese verdadero era menester antes examinar: 1.º Si todos los nobles obran generosas acciones. 2.º Si los que no lo son se hallan incapaces de ellas. 3.º Si la sangre del héroe no es la misma que la del porquero. 4.º Si la sangre puede tener alguna influencia en la moralidad de las acciones del hombre. 5.º Si la sangre es susceptible de honor o de infamia. 6.º Si la nobleza es otra cosa que una distinción civil, y no una calidad física o moral inherente al individuo. 7.º Si el concepto de la nobleza se hereda de otro modo que por la opinión pública, y por la memoria que de ella conserva el que la goza. 8.º Si cuando la nobleza fuese una virtud, no siendo sino su recompensa, las virtudes se propagan, y propagan por la generación. 9.º Si el noble es veraz, justo y generoso porque es noble, y no porque se acuerda que necesita de estas prendas para no perder el aprecio de su estado. 10. Si la buena opinión que formamos de la conducta de los nobles se funda en otra cosa que en la suposición de una crianza superior a la de la plebe. En fin si cuando la nobleza o sus efectos residiesen en la sangre, el hombre ya en edad de obrar virtuosamente, no la hubiera renovado muchas veces. ¿Quién no ve que esta expresión no puede ser mas que una metáfora, y que las metáforas prueban poco?

Hay otros pensamientos que cansan y fastidian por demasiado verdaderos, quiero decir, por comunes y triviales, como cuando leemos: *Las pasiones tienen ciego al hombre.- La mayor victoria es vencerse a sí mismo.- La muerte acaba los males de este mundo*: así de otros infinitos.

Pensamientos extraordinarios

Para que un pensamiento sea relevante, no hasta que sea verdadero en todas sus partes; a veces a fuerza de verdadero es insípido y trivial, como hemos visto en los tres últimos. Es menester que a más de la verdad, que contenta siempre al entendimiento, encierre alguna cosa que le hiera y sobrecoja por lo nuevo y extraordinario. La verdad es para los pensamientos lo que son los cimientos para los edificios: hacen la solidez y firmeza, mas no la magestad y hermosura. Porque, aunque la verdad desnuda se adapta para la instrucción al estilo didáctico, pide al orador, cuando se trata de mover y deleitar, cierto esplendor, cierta nobleza.

Dígalo este ejemplo: *Los pobres Romanos vencieron a los ricos Asiáticos*. Éste es un pensamiento verdadero, pero sencillo y ordinario. Para hacerle más relevante, y darle un aire de novedad, dice otro: La *pobreza Romana pisó los cetros de oro del Asia*. Véase estotro pensamiento verdadero, pero común: *La virtud es de todos los puestos*: este mismo le veremos menos ordinario y más brillante sin perder la verdad, diciendo: La *virtud brilla igualmente cubierta del pellico que de la púrpura*.

Pensamientos graciosos

Hay pensamientos que sacando todo su mérito de cierto carácter lleno de gracia y hermosura, son como aquellas pinturas que nos encantan por lo tierno, suave, y agraciado. No sin razón se puede aplicar a esta casta de pensamientos el *molle, atque facetum,* que Horacio da a Virgilio; y consiste en cierta gracia indefinible.

Así habla un autor moderno de una mujer hermosa, y sabia al mismo tiempo: *Ella juntaba todos los embelesos de una mujer con todos los conocimientos de un hombre, y tenía el mérito cuando hablaba de hacer olvidar su hermosura.*

Hablando del Emperador Trajano dice un escritor juicioso: *El panegírico de Plinio desluciría a Trajano, si a fuerza de merecerle, no hubiese borrado el héroe la flaqueza de haberle oído.*

Pensamientos delicados

Hay otra especie de pensamientos, que a lo extraordinario y gracioso unen lo delicado. Cierto autor así habla de un sabio que murió en la extrema indigencia: *Murió tan pobre, que no pudo dejar a sus hijos sino el honor de haber tenido tan virtuoso padre.*

Pintado el estado de la Francia cuando Sully fue injustamente perseguido, dice otro escritor: *las cosas habían llegado a tal punto, que las virtudes de un grande hombre no servían sino para hacer mas culpable a su siglo.*

Para encarecer la virtud de un áulico, dice otro en su elogio: *Tuvo la dulce satisfacción de haber hecho la fortuna a sus amigos, y la gloria de no haberse acordado de la suya.*

Pensamientos sublimes

Lo que principalmente hace elevado el discurso son los pensamientos sublimes, que no presentan al entendimiento sino cosas grandes. La elevación y grandeza roban nuestra atención, con tal que sean proporcionadas al objeto; porque es regla general, que se debe pensar confirme al asunto que se trata. ¿Quién referiría el incendio de Roma por Nerón con un estilo frío y sencillo?

Véase como habla Cicerón porque habla de Julio Cesar: El *mayor presente que te ha hecho la nuturaleza es la voluntad de hacer bien, ya que de la fortuna recibiste el poder de hacerlo.* No menos sublimidad tiene éste que se ha dicho en elogio de Carlomagno: *El Imperio se mantenía por la grandeza del Emperador, que siendo hombre tan grande, fue todavía mayor Príncipe.*

Véase la majestad de éste de Valerio Máximo, hablando de Pompeyo vencedor y restaurador de Tigránes: *Le restituyó su primera dignidad, juzgando tan glorioso hacer como vencer Reyes.*

De los Romanos en el siglo VIII, habla así un historiador: *Los Romanos, cargados de la pompa de sus títulos, y vacios de gloria y de vigor, no eran más que la sombra de sí mismos.* Él mismo habla de Tiberio de esta suerte: *Del tercer César hablo, de este Tiberio, que desdeñó ver los hombres, sin tener valor para dejar de oprimirlos.*

Pensamientos grandes

Comúnmente es grande un pensamiento, cuando decimos una cosa que nos hace ver otras muchas, y descubrir de un golpe lo que no podríamos esperar sino después de larga lectura.

Lucio Floro nos representa en pocas palabras el espectáculo de toda la vida de Scipión, cuando dice de su niñez: *Éste será el Scipión que crece para destruir a Cartago.* Parece que vemos un niño que crece y sube como un gigante para la grande empresa que algún día había de acabar.

Él mismo nos manifiesta el gran carácter de Aníbal, la situación del universo, y el poder de Roma, cuando dice: *Aníbal fugitivo corría toda la tierra, buscando un enemigo al pueblo Romano.*

De este mismo Aníbal dice un escritor moderno: Aníbal *vencido en Zama, viendo a su patria aún entera recibir la ley del vencedor, la vuelve la espalda, huye, y va a perecer en Asia.* Aquí descubrimos la dignidad de Aníbal, apartando la vista de un Imperio entero, como un padre la quita de un hijo que abandona; vemos la desolación de Cartago, desamparada del único hombre que podía salvarla. En fin parece que vemos, no un hombre, sino un gran río, que va a morir en el océano a mil leguas de su origen.

Estas ideas vastas nos agradan por la curiosidad que tenemos todos los hombres de percibir de una ojeada muchos objetos que se enlazan, pues no podemos tener el uno sin desear el otro; del modo que en la pintura no gustamos tanto de un jardín regular como de un paisaje, porque nuestra vista siempre quiere extenderse hasta el término más remoto.

El escritor elocuente se distingue, no sólo en la gracia, delicadeza y energía de la expresión, más también en la grandeza y profundidad de las ideas. Esta feliz reunión inmortaliza una obra; porque un idioma, además que insensiblemente se envejece, las locuciones más pulidas y selectas pasan a ser de las muy comunes, perdiendo con el tiempo que muda los gustos y las costumbres, aquella fuerza y frescura de colorido que las hacía agradables. Pero como la grandeza de los pensamientos es de todos los hombres, tiempos, y países, sólo ella es de todas las lenguas; sólo ella pueda sufrir una fiel traducción.

Las obras que han de pasar a la posteridad, mas deben fundarse en la elección y grandeza de las ideas, que en el gusto y elegancia del estilo. Las que posean este último merito, podrán lograr una aceptación más rápida, pero menos general; más brillante, pero menos durable; porque como casi todos los hombres, según lo prueba la experiencia mas han sentido que visto, y más han visto que reflexionado, la mayor parte son mas movidos de la hermosura de una expresión que de la profundidad de un pensamiento. Por esto en todos los países el siglo de los poetas ha precedido al de los filósofos.

Entre los pensamientos propios para agradar a todos los tiempos y pueblos se cuentan los sentimientos y las ideas admiradas en ciertos pasajes de Homero, Virgilio, Taso, etc. donde estos célebres escritores no se ciñen a la pintura de una nación o de un siglo en particular, sino de la humanidad entera.

Tales son las grandes imágenes que brillan en los símiles con que algunos insignes autores han enriquecido su elocución. Para ponderar la grandeza e impasibilidad de nuestro Dios, dice un escritor elocuente: *Este Criador supremo de todos los seres, que con los mismos ojos ve perecer un insecto que un héroe, deshacerse un cometa que un átomo.*

De la primera guerra púnica dice así una valiente pluma: *Los Cartagineses, dueños de las costas del África, consiguieron luego hacer de la Sicilia un puente para pasar a Italia.* ¡Qué grandeza de puente!

De las irrupciones de los Vándalos, y Suevos dice así otro: *Son pueblos que transmigran, destruyen, y se sientan sobre ruinas; mas luego son empujados por otros extraños y enemigos suyos, como la ola impelida por la que sigue, huye y le cede su lugar.* Otro ejemplo, pondremos para ver la grandeza de un símil, que pinta la aniquilación del Imperio de Oriente: *Sólo diremos,* dice el historiador, *que ya en tiempo de los últimos Emperadores el Imperio reducido a los arrabales de Constantinopla, acabó como el Rhin, que cuando se pierde en el océano no es más que un arroyo.*

En prueba de que en cualquier género hay hermosuras propias para agradar universalmente, escojo estas mismas imágenes y símiles, y digo: que la grandeza en las pinturas es la causa universal del gusto. En efecto, sea que el deseo habitual e impaciente dé la felicidad, que nos hace anhelar todas las perfecciones, nos haga agradables estos objetos grandes, de cuya contemplación parece que toman más ensanche nuestra alma, y nuestras ideas más fuerza y elevación; sea en fin por otra cualquiera causa, nosotros experimentamos, que la vista aborrece todo lo que la estrecha; que se halla oprimida en las gargantas de las montañas, o en el recinto de unas altas paredes; y que al contrario apetece una llanura inmensa, ya extendiéndose sobre la superficie de los mares, ya perdiéndose en un horizonte remoto.

Todo lo que es grande precisamente ha de deleitar la vista o imaginación de los hombres. Estas especies de hermosuras en las descripciones son infinitamente superiores a todas las demás, que dependiendo, por ejemplo, de la exactitud de las proporciones, no pueden ser ni tan vivas, ni tan generalmente sentidas, porque no tienen todas las naciones unas mismas ideas de proporción. En efecto, si se contraponen a las cascadas que el arte construye, a los subterráneos que excava, a los terraplenes que levanta, las cataratas del río de San Lorenzo, las profundas cavernas del Ethna, y las enormes masas de peñascos desordenadamente amontonadas sobre los Alpes, ¿quién no sentirá que el placer que produce esta prodigalidad, esta ruda magnificencia que la naturaleza pone en sus obras, es infinitamente superior al que resulta de la exactitud de las proporciones?

Para convencernos de esta verdad, un hombre suba de noche a la cumbre de una montaña para contemplar desde allí el firmamento. ¿Es la agradable simetría con que están distribuidos los astros lo que le arropa? No: porque aquí vemos la vía láctea sembrada de un número infinito de estrellas confusamente amontonadas, y mas allá se presentan vastas espacios. ¿De dónde proviene el placer que experimenta el contemplador? De la misma inmensidad de los cielos.

En efecto, ¿qué idea no nos debemos formar de esta inmensidad, cuando innumerables mundos inflamados no parecen sino puntos confusamente esparcidos en los espacios del éter? ¿Cuándo otros soles muchos millones de veces mayores que nuestro globo, y más retirados en los abismos del firmamento apenas son divisados? La imaginación entonces, que se arroja desde estas últimas esferas para recorrer todos los mundos posibles, ¿no ha de sumergirse en las vastas e inmensurables concavidades de los cielos, y elevarse con aquel arrebatamiento producido por la contemplación de un objeto, en que se ocupa el alma toda entera sin fatigarse?

Por eso la grandeza de estas decoraciones hizo decir en el género descriptivo, que la naturaleza era tan superior al arte; o, lo que es lo mismo, que dos grandes retratos son superiores a los pequeños.

Pensamientos fuertes

Pensamiento fuerte será siempre el que nos cause la más viva impresión, que puede nacer, o de la misma idea o del modo expresarla. Por esto la idea más común, siendo enunciada con vivas imágenes, podrá causarnos una fuerte conmoción.

Así hemos de entender por *fuerte* todo lo que nos hace impresión viva pero como todo lo grande la causa también, para no confundir ambas cosas, es necesario comprehender por idea grande el pensamiento cuya impresión es más universal, y por consiguiente menos viva. Los axiomas del Pórtico y del Liceo, importantes a los hombres en general, y como tales a los Atenienses, parece sin embargo que no hacían en éstos la impresión de las arengas de Demóstenes; porque el oyente siempre será más movido de aquellas ideas más conformes con su situación presente, y por lo mismo más interesantes, que de las que, por la razón de ser grandes y generales, miran menos directa e inmediatamente al estado y circunstancias en que se hallan los hombres.

Por esta ciertos rasgos de elocuencia de la antigüedad, que entonces inflamaban las almas, y algunas arengas fuertes en que se debatían los intereses actuales de un estado, no son de una aceptación tan general como los descubrimientos de los políticos y filósofos, que convienen a todos los tiempos, países y gobiernos. En los papeles públicos lo vemos, por lo poco dudosas e interesantes que se nos hacen las relaciones de una guerra encendida en el Indostán, respecto de otra encendida en Italia.

En materia de ideas, la única diferencia entre lo fuerte y lo grande consiste en que lo uno es más viva, y lo otro más generalmente interesante. Así ¿cuándo decimos que una proposición es fuerte? Cuando se trata de un objeto que nos interesa. Por la misma razón no damos este nombre a las demostraciones de geometría, porque son unas proposiciones que no tocando a los oyentes personalmente, ninguno tiene interés ni corre peligro en no creerlas.

Cuando se trata de pinturas hermosas de estas imágenes o descripciones hechas para herir la imaginación, lo fuerte y lo grande tienen entonces esto de común, y es que no deben presentar sino objetos magníficos. Todo lo que por sí es pequeño, o que se hace tal por comparación con las cosas grandes, casi no nos hace impresión alguna. Toda la intrepidez de Hércules desaparece si le pintarnos al lado de Briareo, que poniendo una montaña sobre otra sube a escalar el cielo.

Mas si lo fuerte es siempre grande, lo grande no es siempre fuerte: dos cosas que sólo las reúnen las verdades de nuestra santa Religión. Así siguiendo el gusto poético, podemos decir, que una decoración del templo del sol, del himeneo de los dioses, o de la inmensidad de los cielos, puede ser grande, majestuosa, y aún sublime, mas nunca nos causará una impresión tan fuerte como la pintura del negro Tártaro. La pintura de la Gloria de los Santos asombra menos la imaginación que el juicio final de Miguel Ángel, porque parece que cuando se trata de lo terrible, la imaginación no tiene la misma necesidad de inventar: el infierno es siempre bastante formidable por sí. Luego parece que lo fuerte no es mas que el Producto de lo grande unido a lo terrible.

Determinada una vez la idea de lo fuerte, hombres no pudiéndose comunicar sus ideas sino por palabras, si la fuerza de la expresión no corresponde a la del pensamiento, por fuerte que éste sea, parecerá siempre flojo y débil, a lo menos a los que no están dotados de aquel vigor de entendimiento que suple a la languidez de la expresión.

Para causar una impresión fuerte es menester que el pensamiento se revista de una imagen, que, a más de su exacta propiedad, debe ser grande sin ser gigantesca, y noble sin ser hinchada.

Del tiempo de las guerras civiles de Roma habla así un historiador: *Entonces fue menester arrancar a las provincias la sombra de libertad que les había quedado, y entregarlas a los Pretores, estos tigres sedientos de sangre y de rapiñas, precisados a volver a su patria cargados de crímenes y tesoros.*

Del descubrimiento y conquista del nuevo Mundo, dice un observador: *¿Qué antiguo jamás hubiera concebido, que un mismo planeta tuviese dos emisferios tan diferentes, que el uno había de ser subyugado y como tragado por el otro después de una serie de siglos que se pierden en las tinieblas y abismos de los tiempos?*

Del tremendo día del juicio universal habla así un moderno orador: *O! Señor eterno, en el último día de los siglos, cuando el velo del firmamento será rasgado; cuando tu brazo invencible detendrá el sol en su carrera; cuando resucitadas todas las generaciones, dependerá el destino del género humano de una palabra de tu boca; ¿podremos ver sin terror las convulsiones de la naturaleza moribunda?*

La excesiva grandeza de una imagen muchas veces hace ridículo el pensamiento (a lo menos en la oratoria) y siempre causa una impresión débil; porque habrá pocos hombres de una imaginación tan fuerte que puedan representarse, por ejemplo, los Alpes saltando como venados.

Con todas las imágenes en movimiento siempre serán las más sensibles. Esta pintura, siempre preferible a la de un objeto en reposo, excitando más sensaciones por su continuada sucesión, nos causa una impresión más viva y más durable. Menos nos mueve el mar en calma que una tempestad deshecha; menos el cielo sereno y sembrado de estrellas, que iluminado de relámpagos y agitado de nubes; menos una laguna cristalina, que un rápido torrente que arranca las árboles e inunda los campos. La acción y no el reposo, constituye la fuerza de nuestra alma. "En este océano de la vida, dice un autor, por donde navegamos de tantos modos, la razón es nuestra brújula, y las pasiones nuestros vientos. Tampoco Dios se muestra siempre en una perpetua quietud: el espíritu del Señor cabalga los aquilones y corre por la tempestad.

Pensamientos nuevos

Muchas veces los pensamientos no solamente gustan por la grandeza de la imagen, sino por su novedad, que sobrecogiendo en algún modo el ánimo del oyente, y fijando por lo mismo toda su atención a una idea, le deja tiempo para que haga en su imaginación la impresión más fuerte.

La resurrección de la carne es expresada por un orador con esta imagen nueva y viva: *El sepulcro restituirá su presa.* De un privado caído y perseguido en todas partes dice otro: *Prófugo por la Europa parece que llevaba la persecución atado a su sombra.* De un Monarca sabio dice otro escritor: *Rey que ha hecho sentar la filosofía en el trono.* A los hombres afectos a las cosas temporales dice un orador: *Salid del tiempo, y aspirad a la eternidad.* Para ponderar la grande antigüedad de Egipto, así se explica otro: *Las pirámides de Egipto parece que hacen tocar al viajero los primeros siglos del mundo.* Un astrónomo hablando de la revolución de los astros, de la de las estrellas más remotas de nuestro sistema, y del tardo período de los sistemas juntos, dice: *Estos tiempos son tan enormes, tan cercanos a lo infinito, que se podrían llamar momentos de la eternidad.* Dice un historiador hablando de Oriente: *En todas las historias del Asia no hallamos un pasaje que manifieste una alma libre, sino el heroismo de la esclavitud.*

Toda la impresión en estas locuciones viene de la novedad de unir ciertas palabras, que nunca se habían visto juntas: la *presa del sepulcro, salir del tiempo, atar la sombra, sentarse la filosofía, tocar* como con las manos *los siglos, dar momentos a la eternidad, y heroísmo* a la esclavitud, todas estas expresiones no pueden dejar de sorprender por su novedad.

Pensamientos variados

Hay otra especie de pensamientos, que a más de lo grande y nuevo, incluyen la variedad, otro de los principales placeres que experimenta la imaginación del oyente en las pinturas y descripciones. Si, por ejemplo, la vista o pintura de una grande laguna nos es agradable, la de un mar sin límites y en bonanza nos agrada aún más; porque esta inmensidad es origen de un placer nuevo, aunque su uniformidad, por hermoso que sea este espectáculo, luego nos enfada.

Pero si la tempestad personificada vuela con las alas del Aquilón envuelto en negros nublados, y precipitada desde el Sur, lleva arrolladas por delante las fuidas montañas del océano, ¿quién duda que la sucesión rápida y variada de las formidables pinturas que representa el trastorno de los mares, nos haba a cada instante impresiones nuevas en nuestra imaginación? Mas si la noche se agrega para aumentar los horrores de esta misma tempestad, y las montañas de agua, cuyas cumbres cierran el horizonte, se iluminan de repente con la repetida reverberación de los relámpagos, ¿quién duda también que este mar oscuro mudado en un instante en otro mar de fuego, no forme por esta variedad unida a la grandeza y novedad, una de las pinturas más propias para asombrar nuestra imaginación?

En este género descriptivo todo el arte se reduce a no ofrecer a la vista sino objetos en movimiento, y aun a herir muchos sentidos juntos, si es posible. La pintura del bramido de las olas, del silbido de los vientos, y del estruendo de los rayos, ¿cómo dejará de aumentar nuestro terror secreto, y el deleite que al mismo tiempo sentimos de ver el mar enfurecido?

Pensamientos brillantes

Hay otra especie de pensamientos que anuncian la corrupción de la verdadera elocuencia, y consisten en ciertas expresiones breves, vivas y brillantes, sólo agradables por lo agudas; cuya impresión depende en parte de lo nuevo y atrevido, y en parte de lo ingenioso y oscuro de la frase.

Estos pensamientos no son condenables en sí mismos; lo sin sólo por la afección y el abuso: pues si se pueden considerar como ojos del discurso, al cual alguna vez dan gracia y viveza, todo un cuerpo no debe estar embutido de ojos. En este caso se dañan y sofocan recíprocamente, como sucede a los personajes de una pintura, que por su multiplicidad confunden la composición.

Además, como estas suertes de pensamientos, cuya hermosura proviene de cierta viveza y novedad, separados entre sí forman cada uno un sentido completo; sucede que el discurso, sin conexión y como desenlazado, saca un estilo cortado y muy conciso, siempre opuesto al número, fluidez, y armonía oratoria.

Véase el de este escritor, que ciertamente no carecía de ingenio: *A nadie deberás comodidad sino a los libros. Son una comida que satisface y no harta. Son una visita que despedirás cuando quisieres. Unos enseñan a vivir; otros enseñan lo que se ha de vivir. Todo lo que te doctrina te vivifican.* Podemos decir que estos pensamientos brillantes hacen lo que las chispillas entre la espesura del humo.

Además es difícil derramar sentencias con tanta prodigalidad, y tener mucha delicadeza discernimiento en su elección; y casi imposible que entre un número excesivo no se hallen muchas triviales o falsas, insípidas o pueriles, y a veces ridículas. Tan necesarios son el buen gusto y el juicio para sazonar las producciones del ingenio y la invención.

Esta profusión de sentencias sueltas, al paso que dejan uniforme el estilo, lo hacen fastidioso mayormente cuando los períodos terminan en una especie de agudeza: así vemos que en las obras formadas por este gusto es insoportable una lectura larga y seguida. Muchos escritores ingeniosos, temiendo que un pensamiento bello por sí mismo, no haga toda su impresión, se esfuerzan en presentarlo por todas las caras por donde puede ser visto, y adornarle con todos los colores que puedan hacerle agradable.

El mismo pensamiento, así repetido y producido con diversa expresión, se gasta; y aun con todo y muchos no satisfechos de haber dicho bien una cosa la primera vez, tanto hacen que nunca la dicen bien. Por otra parte, aun cuando los pensamientos sean hermosos y sólidos en sí, cansan el alma por su profusión. Hay escritores, que queriendo hacer brillantes sus pensamientos, los oscurecen, y otros los hacen imperceptibles a fuerza de una expresión demasiado delicada. Estas especies de pensamientos delgados y enfáticos escapan a la penetración del oyente, saltando las ideas intermedias, indispensables para hacer concebir lo que ofrecemos. Estos pensamientos que ordinariamente son expresados con una frase oscura, sutil, y afectada, forman un estilo abominable. ¿Qué quiso decir aquel autor, cuando por hacerse brillante dijo: *Es de tan extraño linaje la envidia, que ensangrienta en los motivos de la piedad las tiranías del odio?* Compárese este depravado gusto de echar sentencias con el pulso juicioso de otro escritor que mide y pesa las cosas. *Los bienes mas son de los que saben pasar sin ellos, que de los mismos que los poseen. - Hay males inevitables; y todo lo que puede el hombre justo, es no merecer los suyos.*

ARTÍCULO II. DEL ESTILO ORATORIO CONSIDERADO EN SUS TRES GÉNEROS

Hombre elocuente es el que sabe decir las cosas pequeñas con sencillez, las grandes con moción y grandeza, y las medianas con cierta templanza. Esta atención de parte de los oradores produjo en la elocución, pública los tres géneros, que los retóricos llaman estilo *sencillo, sublime, y mediano*.

Estilo Sencillo

Este género, cuyo carácter principal consiste en la claridad, precisión, y sencillez, conviene con más propiedad a la narración y prueba del discurso oratorio; porque es un estilo, que desechando toda afectación y compostura, condena en general los adornos, y sólo admite los sencillos y naturales. A la verdad no es una hermosura viva y brillante; antes como modesta y suave saca su mayor realce de la misma negligencia y desaliño que a veces le acompañan. Cierta sencillez en los pensamientos, cierta elegancia y pureza en el lenguaje, que más se dejan gustar que conocer, componen todos sus adornos, sin necesitar de la pompa y composición de las figuras.

La sencillez es la partija ordinaria de la elevación de los sentimientos, porque como consiste en mostrarse tal como uno es, las almas nobles ganan siempre en ser conocidas. Por esto mismo no podemos entender por *estilo sencillo* una frase baja, grosera, y demasiado vulgar; ésta nunca fue digna de la majestad oratoria, que busca a veces lo sencillo, pero jamás lo humilde.

El estilo sencillo, aunque perfcto en su género, y lleno de ciertas gracias a veces inimitables, puede ser más propio para instruir, probar, y aún deleitar, que para producir aquellos efectos grandes de admiración y terror que constituyen la fuerza y calor de la elocuencia: una hermosura sencilla tendrá naturalidad, tendrá su gracia particular, mas nunca cosa grande que arrebate.

El estilo que por su igualdad deja tranquilo al orador, nunca conmoverá ni inflamará el alma del oyente: pues como la persuasión va derechamente al entendimiento, y la moción al corazón, no todos los que se dejan persuadir se dejan mover. Las verdades se proponen a los primeros para que las conozcan, sacando de los principios las conclusiones; a los segundos para que las amen, empleando a este fin el juego de los afectos. Las de la primera especie pueden necesitar de pruebas largas y difíciles; mas las de la segunda raras veces las necesitan, y aún entonces deben ser fáciles y breves; porque se prueba muy bien con principios que una cosa es verdadera, pero para hacerla amar, es necesario hacer sentir que es amable.

Uno de los motivos por que casi siempre nos agrada lo sencillo, es por ser lo más natural, y en la que nada puede el arte. Sin embargo es el estilo más difícil de acertar, porque precisamente entre lo noble y lo bajo, y tan cerca de lo último, que es muy dificultoso no rozarse con el. Oígase la sencillez y claridad de esta narración, en que un escritor habla de las guerras del último Triunvirato: *Lépido queda sólo en Roma: Antonio parte con Octavio al encuentro de Bruto y Casio, y los halló en aquellos parajes, donde se combatió tres veces por el imperio del mundo. Bruto y Casio se dan la muerte con una precipitación que no es excusable; y este paraje de su vida no se puede leer sin compadecer la República que dejaron así desamparada.*

Hay también otro estilo cuya simplicidad saca su fuerza y hermosura de los sentimientos tiernos y profundos: oígase al afligido Príamo echado a los pies de Aquiles, después de haberle éste quitado la vida a su hijo: *Aquiles, acuérdate de tu padre que tiene la misma edad que yo, y ambos suspirarnos con el peso de los años. Ah! tal vez es acometido por los vecinos enemigos suyos, sin tener a su lado quien pueda librarse del peligro.... Mas si ha oído decir que tú vives; su corazón se llena de esperanza y de gozo aguardando el momento en que vuelva a ver a su hijo... ¡Qué diferencia de su suerte a la mía! Yo tenía mis hijos, y los he perdido todos.... Cincuenta contaba alrededor de mí cuando llegaron los Griegos, y el único que me restaba, hoy acaba de perecer por tu mano al pie de los muros de Troya. Vuélveme su cuerpo, recibe mis presentes, respeta a los dioses, acuérdate de tu padre, y lastímate de mí... mira a lo que estoy reducido.... ¿Ha habido Monarca más humillado, hombre más digno de compasión? Estoy a tus plantas, y beso tus manos teñidas con la sangre de mi hijo.*

En este discurso no se descubre ni la pompa de las figuras, ni la ostentación de sentencias, ni la afectación del sentimiento, sino la verdad, la ternura, y la naturalidad, que cada uno fuera capaz de hallar como el mismo Homero. En otra parte nos pinta la sagrada Escritura un joven Príncipe en la hora de morir. *He dicho: en medio de mis días voy a morir, y he buscado el resto de mis años.... He dicho,: yo no veré más a mi pueblo, y mis ojos cansados de volverse hacia al cielo, se han cerrado.*

En el *estilo sencillo* la elevación y majestad siempre estén en el asunto, porque la grandeza de un pensamiento dispensa el artificio de una relevante expresión. De aquí viene que el carácter dominante de los Libros sagrados es la sencillez: calidad correspondiente a la grandeza de les asuntos. Pues si, a pesar de esta sencillez de la Escritura, hay pasajes hermosos y brillantes, es evidente que esta hermosura y brillantez no provienen de una elocución estudiada, sino del mismo fondo de las cosas que allí se tratan.

¡Qué majestad y simplicidad al mismo tiempo no encierra el primer pasaje del Génesis? Al principio crió Dios el cielo y la tierra? ¿Qué hombre, habiendo de tratar cosas tan grandes, hubiera empezado como Moisés? ¿No se conoce que es el mismo Dios quien nos instruye de una maravilla, que no le admira, porque es muy inferior a su poder? Un hombre común habría hecho los últimos esfuerzos para corresponder con la pompa de las expresiones a la grandeza y dignidad del asunto. Mas la Sabiduría eterna, que jugando ha hecho un mundo, lo refiere sin conmoverse.

Al contrario: los Profetas, que se proponen el fin de hacernos admirar las maravillas de la creación, hablan de esta obra en un tono muy diferente. Luego las distintas circunstancias, que determinan el intento del que escribe o habla, son las que pueden decidir del estilo que se debe adoptar para tratar un mismo asunto.

Estilo sublime

Si como algunos creen, lo *sublime* consistiese en una dicción cargada de epítetos ociosos, y en pinturas frías y triviales de los objetos que se nos deben imprimir, en vano buscaríamos alma y vida en la elocuencia, cuyo mérito no depende de vanos adornos. Mas si entendemos por sublime un estilo lleno de calor, y de grandes imágenes, entonces veremos que no tiene necesidad del curso uniforme de los períodos, ni de una elegancia cadenciada.

El género *sublime* es un estilo rico, lleno de grandeza, de vehemencia, fuego, y energía, y por esta razón el que constituye la verdadera elocuencia, la dominadora de los ánimos en Atenas y Roma, donde fue tanto tiempo árbitra en las deliberaciones públicas; la que arranca las lágrimas, y el consentimiento, robando la admiración y los aplausos.

Un discurso puede ser elegante, claro, preciso, abundante, y no ser por esto elocuente. Tampoco es necesario que en todo el discurso reine exclusivamente, lo *sublime* para darle este carácter y nombre; basta que el orador mezcle con tal discreción los tres géneros en los asuntos que corresponden a cada uno de ellos, que *el sublime* reluzca sobre todos, y nazca del objeto principal del discurso.

Como el verdadero estilo sublime consiste en un modo de pensar noble, elevado, grande, y valiente, supone siempre en el que habla una alma llena de altas ideas, de sentimientos generosos, y de cierta arrogancia. Esta elevación de pensamientos casi siempre es hija de la magnanimidad, o de la fuerza: así vamos en las arengas, y dichos de los grandes Príncipes y Capitanes insignes de la antigüedad un lenguaje verdaderamente heroico.

Habiendo Eucrates prevenido a Sila que su vida, tan odiosa a innumerables familias Romanas, peligraba después que renunció la dictadura, le responde el arrogante Sila: *Me queda el nombre, y éste me basta para mi seguridad, y la del pueblo romano. Este nombre detiene todos los atentados, hiela todos los brazos, y aterra la ambición. Sila respira aún, y le rodean los trofeos de Cheronea, Orchomena, y Signion. Cada ciudadano de Roma me tendrá continuamente delante de sus ojos; hasta en sus sueños se le aparecerá mi terrible imagen bañada en sangre, y leerá su nombre en la tabla de los proscritos.*

Parece que la esencia de lo *sublime,* como hemos visto, no consiste en decir cosas pequeñas con un estilo remontado y florido, sin cosas grandes con una expresión simple y natural. La grandeza debe estar en el asunto, y por esta causa el trabajo de buscar la expresión relevante. ¡Qué sublime inscripción la del sepulcro de los trescientos Lacedemonios, que se sacrificaron en la garganta o paso de Thermópiles! *Caminante, ve a decir a Esparta que hemos muerto aquí por obedecer a sus santas leyes.*

Oígase a Esdrubál, que enviado a Roma para estipular la paz entre las dos Repúblicas, y preguntado, ¿por qué dioses, después de haber Cartago quebrantado tantos juramentos, se podría jurar este nuevo tratado? responde: Por *estos mismos dioses, que se vengan tan severamente de los perjuros.* ¡Qué expresión tan digna de las derrotas y arrepentimiento de los Cartagineses!

¡Qué sublime y simple expresión la del Salmista cuando dice: *Los cielos cuentan la gloria* del Señor y el *firmamento publica la obra de sus manos!*

DIVISIÓN DEL SUBLIME.

Lo *sublime* en todas las cosas es lo que hace en nosotros la impresión más fuerte, por la razón que siempre envuelve un sentimiento profundo de admiración o respeto, nacido de la terribilidad de los objetos, por sus circunstancias o caracteres.

Sublime de imagen.- Como el efecto de esta impresión proviene a veces de dos causas diferentes, podemos distinguir aquí dos especies de sublime: el uno de *imagen*, y el otro de *sentimiento*. Al primero pertenecen aquellas sensaciones profundas de una admiración o estupor secreto, causado por la grandeza de las cosas. Así lo vemos en la naturaleza, donde los objetos que excitan sensaciones más fuertes son siempre las profundidades de los cielos, la inmensidad de los mares, las erupciones de los volcanes, etc. por razón de las grandes fuerzas que en ella suponen, y por la comparación que involuntariamente hacemos de estas mismas fuerzas con nuestra debilidad al tiempo de observarlas. En la contemplación de unas cosas por sí formidables, ¿qué hombre no se sentirá poseído del más tímido y profundo respeto?

Esta es, pues, la causa, porque siempre merecerá el nombre de *sublime* el pincel que nos represente los Titanes en el campo de batalla, y no el que nos retrate las Gracias en el tocador de Venus. Cuando contemplamos los juegos de los amores, sentimos la suave y halagüeña impresión de unos objetos graciosos: mas cuando miramos las actitudes y bríos de los hijos de la tierra poniendo a Ossa sobre Pelión, tocados de lo grande y formidable de este espectáculo, comparamos sin querer nuestras fuerzas con las de los gigantes; y convencidos entonces de nuestra imbecilidad nos sentimos embargados de un terror secreto, que nos pasma y complace.

Efecto tan natural, que los niños, como necesitan siempre sensaciones fuertes que les ocupen, ansian por cuentos de ladrones, redivivos, y otros objetos medrosos.

Un astrónomo, sintiendo cuan mezquina, poco digna de la Majestad adorable del Creador parecería la fábrica del universo, si estuviese encerrada en los estrechos límites de este montón de tierra por donde arrastramos, dice: *Ensanchemos nuestro entendimiento retirando los limites del universo. Mas allá del vasto anillo de Saturno donde millones de tierras como la nuestra se perdieran de vista, descubro un espacio infinito sembrado de manantiales de fuego; allí, otros globos mucho más enorme que el nuestro rueden con círculos mayores por rutas más asombroso, y con movimientos más variados. Cuanto más me avanzo, más me alejo de alejo de los confines del mundo. En vano me hundo en el espacio: Por todas partes millones de cielos me rodean.... mi imaginación se rinde bajo el peso de la creación.*

¡Otro elocuente escritor así apostrofa a las inteligencias celestiales. *Mundos planetarios! Celestiales Jerarquías, vosotros os anonadáis delante del* ETERNO, *Vuestra existencia es por él, el* ETERNO *es por sí. Él es quién es: sólo él posee la plenitud de ser, y vosotros no poseéis sino su sombra. Vuestras perfecciones son arroyos y el* SER *infinitamente perfecto es un océano, es un abismo, en que el Cherubin no osa mirar.*

Pero cuando por boca de Moisés Dios dice: *Sea la luz, y la luz fue*[1] vemos entonces una imagen divinamente sublime, semejante a otras muchas de los escritores sagrados, que refiriendo con tanta sencillez como frescura los mayores portentos, manifiestan cuanto les ocupaba la verdad, y cuan poco su propio individuo. Pues cuando se trata de Dios es *sublime* el decir, que *él quiere, y la casa es*. Para criar la luz en todo el universo ha bastado que Dios hablase; aún es demasiado, ha bastado que quisiese: la voz de Dios es su voluntad.

Por otra parte esta imagen es verdaderamente sublime, porque mayor pintura que la del universo repentinamente iluminado no la hay; lo es en otro respeto, porque no nos pueden dejar de imprimir un sentimiento secreto de terror, a que necesariamente asociamos la idea de omnipotencia del Criador de un tal prodigio; idea que, sin querer, nos llena de un profundo respeto, y rendimiento hacia el Autor de la luz.

Yo confieso que todos los hombres no serán movidos por esta grande imagen, porque todos no podrán representársela con la misma vivacidad; pero si de lo conocido subimos a lo desconocido, para ver toda la grandeza de esta imagen, represéntese cualquiera la de una cuando a las tinieblas se agrega la espesura de los nublados, y que a la luz repetida y momentánea de los relámpagos se vean los mares, las olas, las campiñas, las selvas, las montañas, los valles, y el universo entero desaparecerse y reproducirse, digámoslo así, a cada instante. Si no hay hombre a quien esta imagen no asombre, ¿qué terrible impresión no hubiera sentido aquel que careciendo de toda idea de luz, hubiese visto el primer instante en que dio de repente la forma y los colores al mundo? ¡Qué admiración! qué terror! qué humilde respeto al que había criado tan gran portento!

Finalmente esta *imagen* debe gran parte de su valor a la brevedad de la expresión; porque cuanto más corta es ésta, al paso que causa una impresión más repentina, y menos prevista, aumenta la admiración y el pasmo. Dios dijo: *Sea la luz, y la luz fue*: todo el sentido de la frase se desenvuelve, digámoslo así, en esta última palabra *fue*, pues como su pronunciación es casi tan rápida como el efecto de la luz, y no supone sucesión de actos ni de tiempo, presenta de pronto la mayor pintura que el hombre puede imaginar.

Sublime de sentimiento.- Si en lo físico lo grande supone grandes fuerzas, y éstas, como hemos visto, nos atemorizan; en lo moral también lo grande, esto es, la grandeza y fuerza de los caracteres, constituye lo sublime. No es Tirsis caído a los pies de su amante, sino Scévola con la mano puesta en el brasero, lo que inspira un tímido respeto, una terrible admiración. Así todo gran carácter producirá este profundo y secreto sentimiento; tal es el efecto causado por la confianza que Ayax tiene de sus fuerzas y valor, cuando envuelto entre las tinieblas con que Júpiter ha cubierto el campo de batalla para proteger los Troyanos al favor de la oscuridad, levanta los ojos al cielo, y en una actitud de dolor y desesperación, dice: *Gran Dios! vuélvenos la luz, y pelea después contra nosotros*. Esta confianza y audacia pasma los corazones más intrépidos.

Este género de sublime reluce siempre en ciertos rasgos heroicos de las almas grandes y llenas de fortaleza, porque nacen del corazón y no de una reflexión fría y mesurada. Este *sublime,* que casi enteramente depende de una situación que inspire estos *sentimientos, se* expresa con locuciones sucintas, y discursos concisos; pues pierde su fuerza cuando se extiende a razonamiento.

Oigamos a Calístenes, que encerrado en una jaula de hierro, con las narices, orejas y pies cortados de orden de Alejandro, responde a su amigo Lysímaco, que le visitó compadeciendo su desgracia: *Cuando me veo en una situación que pide valor* y fortaleza, *parece que me hallo en mi lugar. A la verdad, si los Dioses me hubiesen echado sobre la tierra sólo para el deleite, en vano me habrían dado una alma grande e inmortal.*

Sublime fue el dicho de aquel esclavo, cuando atado a un árbol, y no acabando de morir a los repetidos saetazos que le enderezaba su vencedor, éste levantó la espada para quitarle la vida de un golpe, y en esta actitud el paciente le dice: *Detente.... prosigue, no te avergüences, tendrás mas tiempo de aprender como muere un hombre.*

Terrible es el discurso que Armida, vencida y prisionera en un combate por su antiguo amante Raynaldo, Capitán de los Cruzados en Siria, dirige a este General, cuando atormentada de los celos, la indignación, y el despecho, le dice: *Sin duda tu gloria quedaría deslucida, si no viese el mundo atada a tu carro una mujer, engañada antes por tus juramentos, y aquí rendida por tu fuerza.... En otro tiempo yo te pedí la paz y la vida.... hoy sólo la muerte puede aliviar mi dolor.... mas ésta no te la pido a ti. Bárbaro! La misma muerte sería para mí horrorosa, si fuese menester recibirla de tu mano.*

El dolor de un hombre hace más impresión que el de una mujer, y el de un héroe es *más patético* que el de un hombre ordinario. Oigamos al Tasso que recurrió a esta fuente del *sublime*. Jerusalén es tomada: en medio del saqueo Tancredo divisa a Argante rodeado de un tropel de enemigos, que iban a quitarle la vid; corre a librarle de las manos de la soldadesca, cúbrelo con su broquel, y se lo lleva fuera los muros de la ciudad, como víctima que reserva para sí. Caminan juntos, llegan al Tancredo prepara sus armas, y el terrible Argante, olvidando el riesgo y la vida, suelta las suyas, y vuelve los ojos llenos de dolor y sobresalto hacia las torres de Jerusalén incendiadas. ¿En qué piensas? le dice Tancredo. ¿En qué llegó tu hora? Si esta reflexión causa tu acobardamiento, es ya tarde. *Pienso,* responde Argante, *en esta deplorable ciudad, antes reina de la Palestina, y ahora cautiva y asolada; cuya ruina en vano me he esforzado a retardar; pienso en que tu cabeza, que sin duda el cielo me reserva, no basta a su venganza y la mía.*

No es menos *sublime la* respuesta de Poro Rey de India, vencido por Alejandro, y hecho su prisionero. El Macedón le hace traer a su presencia, y le pregunta, ¿cómo quiere ser tratado? *Como Rey,* responde impávido.

Estilo Patético.- Al género de estilo que acabamos de tratar pertenece la moción de los afectos, porque lo *patético y lo sublime* se identifican. El oyente se halla bien con todas las cosas que le mueven, y en algún modo crece con la grandeza de los objetos: halla delicioso el terror, y dulce la misma tristeza. Las pinturas lastimosas, los discursos tiernos, y los espectáculos más horrorosos ablandándole, y estremeciéndole, le dan un continuo testimonio de la sensibilidad de su corazón, y de la bondad de su alma. El que se enternece se siente siempre mejor que antes: llora, y sus mismas lágrimas le dan buena opinión de sí mismo: se horroriza, y no sabe apartar la vista del objeto de su horror, porque no sabe dejar de ser hombre.

El primer precepto en esta materia es estar herido antes de herir a los demás; y para conseguirlo es necesario que el orador penetre profundamente el asunto que trata, se convenza plenamente de su objeto, sienta toda su verdad e importancia, se grabe fuertemente la imagen de las cosas que quiere emplear para mover al oyente, y las pinte con tanta naturalidad como energía.

Parece que basta hoy los que mejor han conocido los verdaderos principios del arte sublime de inspirar las pasiones han sido los grandes hombres en la guerra y la política. Las pasiones reunidas, y avivadas con el amor de la libertad, más que la habilidad de los ingenieros, hicieron las célebres y porfiadas defensas de Sagunto, Cartago y Numancia.

Alejandro fue sin duda el genio más excelente entre todos los grandes Capitanes de la antigüedad para inspirar los afectos. *Idos, ingratos, huid, cobardes,* dice a las tropas Macedonias que querían desampararle: *sin vosotros subyugaré el universo; y Alejandro hallará soldados donde encuentre hombres.* ¿Qué vergüenza no les infundiría?

¿Qué vergüenza y emulación al mismo tiempo, no inspiraría a sus soldados el heroico denuedo de Enrique IV de Francia en la batalla, cuando al ver sus tropas desordenadas y fugitivas, corre a ellas, y al tiempo de irse a meter en lo más espeso de los escuadrones enemigos, les grita: *Volved la cara: y si no queréis pelear, alomenos me veréis morir*?

Los discursos fuertes y vehementes siempre son proferidos por hombres apasionados. El ingenio en esta ocasión no puede suplir el sentimiento, porque el que no ha probado una pasión ignora su idioma. Las pasiones deben ser miradas como la semilla productiva de los grandes pensamientos: ellas son las que mantienen una perpetua fermentación en nuestras ideas, y fecundan en la imaginación las que serían estériles en una alma tibia. Las pasiones en fin siempre serán el alma del discurso elocuente, pues le dan la fuerza que necesita para arrebatarlo todo.

Con el movimiento de los afectos un hombre elocuente puede arrancar a sus oyentes de aquella inercia, digámoslo así, contraria a la acción del espíritu, y haciendo interesante la materia que propone, levanta al hombre de su pereza e indolencia, tan naturales cuando las cosas no les tocan de muy cerca.

Así el que quiera dominar a los demás, inspirándoles la pasión de que está animado, aprovecha con sagacidad, una veces la propensión o disposición favorables que halla en los ánimos, otras la situación en que varias circunstancias ponen a los hombres, otras en fin las mismas preocupaciones que los gobiernan. Todo discurso que pinte los horrores del despotismo inflamará hoy los corazones en Filadelfia, los dejará tibios en Hispaban.

En la situación en que estaban las tropas de Cartago antes de empezar la batalla del Tessino, ¿qué confianza y valor no les inspiraría este discurso de Aníbal? *Compañeros, los Romanos deben temblar, no vosotros. Pasad la vista por este campo de batalla; y no veréis retirada para los cobardes: todos perecemos hoy si quedamos vencidos. ¿Pero qué prenda más segura del triunfo? ¿Qué señal más visible de la protección de los dioses, que el habernos colocado entra la victoria y la muerte?*

El poeta que se aprovechó para mover la compasión y la tristeza de la situación de Herminia, bien conocía el poder que tienen en nuestros corazones muchas veces los discursos más tiernos y suaves. Esta Princesa desgraciada, desposeída de su trono, y abandonada del infiel Tancredo su amante, se refugia en una aldea, donde toma el destino de pastora. Una tarde de julio, mientras las ovejas descansaban a la sombra, se entretiene grabando unos caracteres amorosos en la corteza de los cipreses; en ella delinea la historia y las desventuras de su pasión, y al recorrer los rasgos que su mano acaba de formar, se desmaya, y bañada en lágrimas, dice: *Árboles confidentes de mi llanto, conservad la historia de mis penas. Si algún día viniese un amante fiel a reposar bajo vuestra sombra, su compasión se encenderá al leer mis tristes aventuras, y dirá sin duda: ah! el amor y la fortuna muy mal pagaron tanta constancia y fidelidad.*

Las pasiones nunca se conmoverán, a menos que no sea por sí manifiesta y claramente demostrada la cosa de donde se quieren sacar: en vano nos esforzaríamos a excitar la voluntad al amor a odio de un objeto que no conocemos. Pera como el ánimo del oyente suele estar prevenido contra la fuerza descubierta, el orador sagaz sabe insinuarse tranquila y como furtivamente a fin de moverle y doblarle con más facilidad.

Aunque parece que las pasianes deben reinar por intervalos en aquellos pedazos de la composición en que es menester mover y persuadir; sin embargo el lugar más propio de su imperio es el de la peroración, que podemos llamar el foco común, donde se reúnen todos los rayos del discurso para tomar mayor actividad. Aquí es donde el hombre elocuente, para acabar de subyugar los ánimos, y arrancarles sus últimos sentimientos, emplea tumultuariamente, según la importancia y naturaleza de las cosas, ya lo más tierno, ya lo fuerte de la elocuencia.

El buen orador huye de toda ostentación y estudio, antes bien, mostrando cierto desaliño, cierto desorden, cierta perturbación, nos dice, que está vehementemente poseído del entusiasmo del la pasión; y este tumulto imita propiamente la naturaleza agitada, que busca sin rodeos la salida más corta y pronta para su desahogo.

En este concepto no habíamos aquí de aquella falsa elocuencia, tan fácil de enseñar como de practicar; quiero decir, de figuras amontonadas, de grandes palabras, que no dicen nada grande, de movimientos afectados, que no llegan al corazón porque no nacen de él. Antes bien siendo la verdadera elocuencia la efusión de una alma sencilla, fuerte, sensible y grande al mismo tiempo, sin estas calidades ¿cómo se formará un orador excelente?

La moción de las pasiones, por cuyo medio se hiere al corazón derechamente, es el arte más maravilloso que inventó la necesidad, y perfeccionó la oratoria: arte que parecería muy difícil a los fríos raciocinadores, si hubiésemos de dar aquí una definición rigorosa de todas las pasiones, con la enumeración exacta de todas sus especies.

Los retóricos cuentan hasta diez y siete: los filósofos no concuerdan en esta opinión ni con los primeros, ni consigo mismos. El corazón humano es un océano inmenso, lleno de tan diversas agitaciones, que no hay piloto, que pueda señalar todas sus tormentas.

Pero podemos decir que las más frecuentes y conocidas entre nosotros son: el amor, el odio, el deseo, la ira, la indignación, la desesperación, la vergüenza, la emulación, la venganza en la clase de fuertes; y en la de suaves, la clemencia, la confianza, el gozo, la tristeza, la compasión, el temor, y la esperanza; aunque estas dos últimas son los dos móviles del hombre, sea civil, sea salvaje, el cual naturalmente perezoso, sólo se mueve para huir de los males, o buscarse los bienes.

La oratoria, según la idea que forma de estas pasiones, nos las representa indiferentes en sí mismas, y sólo en su objeto, y por diversas causas o situaciones, la pinta honestas o criminales. Por ejemplo: el valor saca su bondad o malicia del carácter de quien posee: si es virtud en un Horacio, en Cromwel es un vicio; y la confianza de César, laudable en el Rubicón, es vituperable en el Senado.

Las pasiones, pues, son excelentes, por ejemplo: cuando se nos hace esperar lo que debe ser verdadero y digno objeto de nuestras esperanzas, temer los males que nos amenazan, aborrecer las acciones que la virtud y la religión condenan, amar la verdad y la justicia, respetar la probidad, desear el honor y la felicidad, admirar el heroísmo, emular la gloria de las buenas acciones, y avergonzarnos de la bajeza y fealdad de las nuestras, compadecer la inocencia oprimida, indignarnos contra la imprudencia y la iniquidad, perdonar al delincuente arrepentido, etc.

Así diremos que la oratoria se sirve de las pasiones útiles, ya para fortificarlas más, ya para reprimir o borrar las perniciosas. Por ira divina para excitar en nosotros el amor de la virtud, y el odio del vicio; el amor de la patria en Bruto para curarnos de los males de la ambición; la compasión y las lágrimas de Ana Bolena en el suplicio, para disponernos contra el amor criminal. Por este medio la elocuencia puede corregir las pasiones en el corazón humano combatiéndolas allí unas con otras; porque el orador las dirige, no las sufoca.

Pero como las pasiones son muy diferentes en los hombres; a quienes un mismo objeto puede agradar por lados distintos o contrarios, por esto los oradores hábiles han distinguido siempre con mucha discreción la edad, el sexo, la índole, la capacidad, el interés, y la clase de los oyentes, así como el gusto del siglo, las preocupaciones de la nación, y la forma de su gobierno. Pues quién duda que las diferentes posiciones, tiempos, y países no dispongan el hombre a dejarse impresionar de unas pasiones a objetos primero que de otros? Ésta es sin duda la razón por que algunos pasajes elocuentes de los más famosos oradores de la antigüedad, que entonces inflamaban una República, hoy dejan tibios y tranquilos a los lectores.

Los objetos de las pasiones en la oratoria deben ser siempre cosas grandes; las unas por su naturaleza, como las divinas, las celestes, el bien de la humanidad, la salud de la patria, la vida del ciudadano, el triunfo de la virtud, la defensa de la justicia, etc. Otras son grandes por convención humana, como los honores, las riquezas, la pobreza, la prosperidad, la reputación, etc.

El bien de la humanidad nos hará concebir una justa indignación contra las costumbres Romanas en esta valiente pintura del tiempo del lujo y de su corrupción. *Ábranse los anales de las naciones, y veremos a los Romanos arrastrados de la voz del deleite, sacrificar sus semejantes, no digo al interés de la patria, sino a su diversión y sensualidad. Hablen aquellos viveros, en que la bárbara glotonería de los poderosos abogaba los esclavos para pasto de los peces, a fin de que criasen una carne mas delicada. Habla aquella isla del Tíber, adonde la crueldad de los amos enviaba los esclavos viejos y enfermos a parecer por el suplicio del hambre. Hablen también los fragmentos de aquellas soberbias arenas, en que están grabados los fastos de la barbarie humana; en que la nación más civilizada del universo inmolaba millares de gladiadores al placer que produce la vista da un combate adonde corrían con ansia las mismas mujeres donde este sexo delicado y dulce, que criado entre el lujo y el regalo, parece que sólo podía respirar ternura, refinaba la inhumanidad, hasta exigir de los atletas heridos, que al tiempo de espirar cayesen en una postura gentil y graciosa.*

Estilo templado

La nobleza, la amenidad, y la elegancia son calidades principales del estilo templado que guardando cierto medio entre el sublime y el sencillo, tiene menos fuerza y calor que el primero, y más abundancia y brillantez que el segundo; por esta razón admite los adornos del arte, y toda la hermosura del gusto.

En este estilo, que propiamente es un género adornado y florido, puede la oratoria ostentar su pompa y majestad. Llámanse adornos en el sentido retórico aquellas locuciones, y modos figurados, que al paso que dan cierta gracia al discurso, le hacen más insinuante y persuasivo.

El orador no habla sólo para hacerse entender, pues en este caso le bastaría decir las cosas con sencillez y claridad; habla también para mover, convencer, y deleitar. Este deleite no puede entrar en el corazón, y después en el entendimiento, sin pasar primero por la imaginación del oyente, a la cual es necesario hablar su idioma. Por eso dice Quintiliano, que el placer ayuda a persuadir, porque el oyente está dispuesto a creer verdadero todo lo que encuentra agradable.

No basta que un discurso sea claro, inteligible, lleno de razones y pensamientos sólidos; algunas veces es menester, según la materia, y sus circunstancias, que reluzca en él cierta gracia, hermosura y esplendor, de que se forman los adornos. Esta habilidad distingue a un hombre facundo de un hombre elocuente. El primero, quiero decir, el que se explica con claridad, facilidad, y gracia, dejará los oyentes tibios y tranquilos, cuando el segundo les excite sentimientos de admiración y ternura, los cuales mira Cicerón como efectos de un discurso enriquecido de lo más brillante de la elocuencia, ya sea en los pensamientos, ya en las expresiones.

En este estilo entra aquel género de elocuencia, digámosla así, de *aparato,* cuyo fin principal es el deleite de los oyentes, o lectores; como son los discursos académicos, las arengas públicas, las dedicatorias, cumplimientos, y otras piezas semejantes, donde es más permitida la pompa del arte.

Sin embargo es menester, aún en este género de asuntos, que los adornos se usen con gusto, discreción y sobriedad; y alomenos que sean variados y modificados con maestría. Pues si esto es verdad en materias de puro aparato y ceremonia ¿cuánto más en las discursos que tienen por objeto asuntos grandes e importantes? Cuando se trate del honor, de los bienes, del reposo, de la vida de los ciudadanos, de la salud de la república, y de la salvación de almas, ¿será lícito al orador o escritor ocuparse en su propia reputación, solamente con el fin de hacer brillar su ingenio? No quiero decir con esto, que en los asuntos de esta importancia se desechen las gracias y hermosuras del estilo, sino que los adornos sean más serios, modestos, y sólidos, y que nazcan más bien de la misma sustancia de la materia que del ingenio del orador, cuya compostura debe ser noble, grave, y varonil.

---

1. Según la versión literal del original Hebreo.

PARTE III
DE LA EXORNACIÓN DE LA ELOCUENCIA

Llaman los retóricos *exornación* aquella compostura, que naciendo de la gracia de los tropos, y nobleza de las figuras, ilustra y enriquece al discurso; aunque los adornos cuando son demasiado exquisitos, tienen el inconveniente de corromper la elocución.

Así diremos que el orador, cuando piensa más en los atavíos que en las cosas, prefiere su gloria personal al bien de su causa. La bondad, la importancia, o la grandeza del asunto es lo que interesa a los oyentes, y debe captar su benevolencia. Lejos de ganarla el orador con su presunción, crea que nunca persuadirá mejor que olvidándose a sí mismo. Si cuando escribe, premedita los tropos y figuras, jamás compondrá bien; debe cometerlas sin advertirlo, pues le han de nacer, por decirlo así, bajo la pluma, y producirlas por una especie de instinto oratorio, hijo del continuo ejercicio.

ARTÍCULO I.- DE LOS TROPOS

Los tropos son unas figuras, por cuyo medio se da a una palabra aquella significación que no es precisamente la suya propia. Estas figuras se llaman tropos del griego *trope*, esto es, vuelta, o conversión; pues cuando tomamos un término en sentido figurado, le volveremos, digámoslo así, para hacerle significar lo que no significaba en su sentido recto. *Velas* en sentido propio no significan los navíos, porque sólo son una parte de la nave; no obstante algunas veces decimos: cien velas, por cien navíos, tomando la parte por el todo.

Uso y efectos de los tropos

Uno de los efectos principales, y mas frecuentes de los tropos es el de dispertar una idea principal por medio de otra accesoria. Per eso decimos: *cien fuegos, por cien casas: mil almas, por mil personas: el acero, por la espada; la pluma, por el estilo del escritor*, etc.

Los tropos dan mayor energía a la expresión. Cuando estamos vivamente heridos de un pensamiento, raras veces nos explicamos con sencillez, porque el objeto que nos ocupa se nos presenta con las ideas accesorias que le acompañan; y entonces pronunciamos el nombre de *las imágenes* que se nos imprimen. Así naturalmente recurrimos a los tropos, con los cuales hacemos más sensible a los demás lo que nosotros mismos sentimos. De aquí vienen estos modos de hablar: está *inflamado* de *cólera*; está *embriagado* de *deleites; vive encenagado en el vicio*; *nos aja la reputación; todos caen en error*, etc.

Los tropos hacen hermoso y agradable el discurso; porque como las expresiones son otras tantas *imágenes,* divierten y alagan a la imaginación. También dan mayor nobleza, porque las ideas comunes a que estamos acostumbrados, no excitan en nosotros aquel sentimiento de admiración y sorpresa que arroban el alma.

En estos casos recurrimos a las ideas accesorias que visten con gallardía a las comunes. Todos los hombres mueren igualmente: veis aquí un pensamiento común. Pero si decimos: La muerte no perdona ni la choza del pobre, ni el palacio de los Reyes, tendremos un pensamiento hermoso y noble.

Los tropos sirven para modificar las ideas duras, desagradables, tristes, o indecentes, de que veremos ejemplos hablando de la perífrasis.

Como todas las lenguas son estériles en su diccionario, los tropos en cierto modo las enriquecen, unas veces multiplicando el uso de una misma palabra; y otras dándole nueva significación, ya sea uniéndola con las que no podía juntarse en su sentido propio, ya sea usándola por extensión o semejanza. En fin sirven los tropos para poner en alguna manera delante de los ojos las imágenes, que nos sugirió la viveza con que sentimos lo mismo que queremos explicar. Así decimos: corre como el viento -duerme como una piedra- se deja arrastrar del torrente de sus pasiones. Todas estas expresiones son dictadas por los movimientos naturales de nuestra imaginación.

Vicios de los tropos

Los *tropos* que no producen los efectos que acabamos de indicar, son defectuosos. A más de ser claros y fáciles, deben presentarse naturalmente, y no emplearse fuera de tiempo, y de lugar.

No hay cosa mas ridícula en cualquier género de escritos que la afectación e incongruencia. La es decir: *subminístrame licor etiope,* en lugar de, *tráeme tinta; y* estotra expresión: *el consejero de la hermosura,* por decir: *en el espejo.* Semejantes locuciones bajas, violentas, e impertinentes son hijas de una imaginación sin gusto ni juicio.

No se deben, pues, usar los tropos, sino cuando ellos mismos se presentan naturalmente a la imaginación, o nacen de la misma materia;

cuando las ideas accesorias los llaman, o los pide la decencia: entonces agradan, porque se buscan sin la mira de agradar. Este lenguaje hermosea al discurso, porque Podemos decir que da alma a los vegetables, vida a los sensibles, a los vientos alas, y cuerpo a los pensamientos.

I.- TROPOS DE DICCIÓN

Metáfora

La *Metáfora* es la transposición del sentido propio de una palabra en otro que no le conviene, sino por una comparación que el entendimiento hace de los dos. Cuando decimos, la luz del entendimiento, la palabra *luz*, que en su sentido propio nos hace ver los cuerpos, aquí puesta por translación, representa aquella facultad de percibir y conocer, que alumbra a nuestra razón para formar sanos juicios. Así decimos a la lógica *llave de las ciencias*; por ser ella, del modo que la llave abre las puertas, la que nos abre la entrada a los demás conocimientos.

La metáfora se distingue de la comparación en cuanto ésta se sirve siempre de términos que indican la asimilación entre dos cosas; así decimos de un hombre colérico: *está como un león*. Mas cuando decimos simplemente *Juan es un león*, entonces no es comparación sino metáfora, porque aquella es implícita, quiero decir, está en el espíritu, y no en los términos.

Cuando las *metáforas* guardan regularidad no es difícil hallar la conveniencia de comparación, pues se extienden tanto como ésta; mas cuando la comparación es traída de mucha distancia, la metáfora no es regular.

No hay duda que muchas veces las *metáforas* deleitan a la imaginación, dando a las expresiones mucha más energía que si nos sirviésemos de los términos propios. En efecto, ¿cuánta más energía tiene esta expresión: está sepultado en un profundo sueño, que estotra: *está muy dormido?* Por metáfora decimos también: *la flor de la juventud: la ceguedad de los idólatras: el hilo del discurso, etc.*

Este es el *tropo que* da más gracia, fuerza y brillantez al discurso: y si no, obsérvense los más excelentes pasajes, y se verá que las expresiones más nobles y magníficas casi todas son metafóricas, porque éstas son el lenguaje de la imaginación.

Como siempre gustamos de ver, las metáforas bien colocadas, son otras tantas imágenes que al paso que deleitan el alma, dan ensanches, por decirlo así, a nuestra reflexión. Dice un moderno: *El Asia,* CUNA *del género humano.* Qué viveza! qué magnificencia! Podía haber dicho: *el Asia,* ORIGEN *del género humano;* esto es ya común y flojo. Otro dice: *El valor en ciertas circunstancias es la* ESPADA *del vicio, o el* ESCUDO *de la virtud.* Podía haber dicho de un modo ordinario y sencillo: *El valor en ciertas circunstancias* AYUDA *al vicio,* o DEFIENDE *a la virtud.* ¡Qué valentía y acción tiene estotra expresión! En *Turquía la cimitarra es el* INTÉRPRETE *del Alcorán;* por decir simplemente, que en Turquía la religión se prueba con las armas en la mano.

Vemos, pues, que la *metáfora* tiene la ventaja particular de brillar por sí sola en el discurso más lucido; y que sustituyendo lo figurado a lo simple, difunde una rica variedad, ennoblece las cosas más comunes, y deleita a la imaginación por la ingeniosa valentía de traer del mundo físico objetos extraños, en lugar de los signos usuales y ordinarios.

El uso de las *metáforas* es tan general y frecuente, que a causa de la imperfección de las lenguas en la esfera de la metafísica, casi todas las ideas intelectuales se han de explicar con expresiones figuradas, esto es, con palabras, cuyo sentido propio representa cosas materiales.

No hemos de entender por estas palabras, sólo aquellas en que la *metáfora* es evidente, como en éstas: una casa *triste;* un jardín ale*gre;* un discurso *frío*; sino aún las que miramos por más simples y perceptibles. En cualquier paraje que se abra un libro podemos observar que casi todo el lenguaje está regido de expresiones metafóricas.

Vicios de la metáfora

Las *metáforas* son viciosas cuando se sacan de materias bajas, como la de aquel que dijo del diluvio: fue la lexía de la naturaleza. Cuando son forzadas, y traídas de muy lejos; cuando su analogía no es natural, ni la comparación bien sensible, como la del que dijo: *Bañaré mis manos en las ondas de tus cabellos;* y la del otro: *¿Quién en el bajel de la envidia embarca su fortuna?*

Pueden entrar en esta clase las *metáforas* que se sacan de objetos poco conocidos, o demasiado científicos; como la del que dijo: desde el apogeo de su prosperidad, por decir, desde la *altura o colmo* de su prosperidad.

Las que, no conviniendo sino al estilo poético, se introducen en el discurso oratorio, como cuando cierto poeta dice: *armónicos partos de la ira,* a los sonidos: *y las doradas madejas de la aurora,* al resplandor del alba.

Las que se sacan de objetos indecentes, o torpes por su naturaleza o aplicación maliciosa; como la del que dijo: *con la muerte de Scipión quedó castrada la República;* pudiendo haber dicho: *quedó huérfana.* De la virginidad de MARÍA en su parto portentoso dice otro: *Virgen, que sin perder la flor nos diste el fruto.*

Otras veces se puede suavizar lo duro, o muy nuevo de una *metáfora,* mudándola en comparación, por ejemplo: el *Ganges viene a ser como una lágrima del océano;* o bien añadiéndole algún correctivo, como en ésta: el *arte, por decirlo así, está ingerto en la naturaleza.*

Cuando hay muchas *metáforas* seguidas, y cada una forma el sentido completo, y una frase perfecta, no es siempre necesario que se saquen del mismo objeto principal, a menos de que se quiera hacer una *alegoría.* Así podemos decir: la *agricultura, y el comercio son dos pechos que alimentan el estado: sobre estas dos bases descansa el edificio social.* Aquí vemos que el término de comparación de la primera frase es sacado de las madres que crían, y el de la segunda de la arquitectura.

Son viciosas las *metáforas* que se toman de objetos opuestos, o términos incoherentes de comparación, esto es, que excitan ideas que no pueden ligarse, como si dijéramos: *un torrente que se enciende,* en lugar de, *que arrebata -tomó la espada, y la esgrimió como un león,* pudiendo decir, como un *Cid.*

Así será bien dicho: el *puñal de la envidia,* y no el *puñal sino* el *opio de la pereza;* porque el puñal, y la envidia tienen esto de común entre sí; el uno hiere el cuerpa, y el otro el alma. La pereza es pasiva, es una inacción, y por esto es comparable al sopor causado por el opio. Dice un poeta: *saqué esta antorcha de Marte,* por decir, *esta espada,* ¿Qué conveniencia tiene la antorcha que alumbra con la espada que corta? ¿Y qué necesidad hay de nombrar los objetos físicos y naturales con rodeos y signos metafóricos, sean o no congruentes? La *metáfora* sirve para hacer en algún modo visible lo invisible, y como palpable lo espiritual: ¿qué cosa, pues, más visible, y palpable que una espada? ¿Qué palabra me representará con más viveza un álamo que la voz propia *álamo*; una bala que la voz propia *bala*? ¿Cómo he de entender que *el aspid de metal* es el arcabuz?

Como cada lengua tiene sus *metáforas* particulares que no tienen uso en otra, sería cosa ridícula emplearlas indistintamente: vemos, pues, que los latinos dicen: *cuerno* derecho, *cuerno* izquierdo a lo que nosotros llamamos *alas* de un ejército.

En fin las *metáforas* son viciosas cuando con su profusión confunden el discurso que deberían hermosear. Siempre se usarán con discreción, aún en aquellas cosas que por sí las piden: el asunto debe traerlas, no la violencia, ni la ridícula manía de hacer el estilo siempre metafórico.

En este estilo dice cierto autor en la dedicatoria de su libro a una Reina: *Las olas de mi temor, y el huracán de mi indignidad no sumergieron la nave de mi razón que navegaba al puerto de vuestra clemencia.* ¿Qué necesidad hay aquí de hacer alegórica esta idea? ¿No sería más clara, natural, y expresiva si fuese simple? En fin cuando no fuese impertinentes ¿qué comparación tiene un huracán con la *indignidad,* una nave con la razón del hombre? Que el temor, siendo ura turbación del ánimo, se compare con las olas agitadas: que la *clemencia,* que ampara los culpables, se compare con el puerto que abriga las naves, está muy bien: ¿mas el asunto exigía que se comparase? ¡Cuán fácil es a los que no pesan las expresiones en la balanza del juicio y buen gusto ostentar su ingeniosa e impertinente fecundidad!

Léase por última prueba de la manía de *las metáforas* vanas, oscuras, y violentas, lo que otro escritor del siglo pasado, época de la depravación del gusto, dice de Semíramis. *Ésta, pues, matrona, que sólo nació mujer para no hallar de qué morir, encaneciendo a la llama de su fragilidad cuantos laureles, huyendo de las libiezas del olvido, aspiraron a las inmunidades de su frente.* Veis aquí una alegoría que no tiene más que hinchazón y tinieblas, afectación e incoherencias. Parece que sólo la locura, o una fuerte fiebre podía inspirar tales delirios.

Synecdoche

La palabra *synecdoche* significa comprehensión, concepción. En efecto por medio de ella se hace concebir al entendimiento más o menos de lo que significa en su sentido recto la palabra de que usamos. Este *tropo* se comete de muchos modos.

1.º Tomando un individuo en lugar de muchos, como cuando decimos:

el *soldado defiende el estado: el enemigo embiste: el romano victorioso:* o al contrario, tomando el número plural por el singular: así se dice: los *Ambrosios, los Cicerones, los Platones, los Plutarcos.*

2.º Cuando se toma la parte por el todo, como cuando decimos: *cien velas, por cien navíos*; las *olas, por el mar; cien cabezas,* por cien *individuos*; el Nilo, por el Egipto. Así dice un autor: *los Califas de Damasco vieron correr el Ganges y el Tajo bajo su imperio* por decir, dominaban desde la India, hasta España. *Los Partos llevaron sus estandartes hasta las provincias Romanas;* por decir, llevaron sus ejércitos. Y al contrario cuando tomamos el todo por la parte: *brillan las lanzas*, por las *puntas* de ellas.

3.º Tomando el género por la especie; así decimos: *Oh! necios mortales!* nombre que conviene a todo ente sujeto a morir; en lugar de: *Oh! necios hombres!* También tomando la más por lo menos como: las *criaturas* lloran, por decir: los *pequeñuelos* de pecho.

4.º La especie se toma por el género, como cuando decimos *deshonesta* a una persona *viciosa: es un caballo,* por decirle a un hombre que es un animal, diciendo lo menos por lo más.

5.º La materia se toma por la obra, como el acero, por la espada; la plata, por la moneda: y al contrario la obra se toma por la materia; así decimos: *un buen libro,* por la bondad de su asunto, o estilo.

6.º Los antecedentes se toman por consecuentes, como: *Pedro se cansó de vivir,* pues murió: fuimos Godos, por decir, el imperio Godo se acabó: fue *Numancia,* esto es, quedó destruida. Y al contrario los consecuentes por antecedentes, como: los graneros rebosaron, por la buena cosecha: la *Siria* fue *regada de sangre de Cristianos,* por la mortandad de la guerra de los Cruzados: el Norte se arma, por amenaza una guerra. Pertenecen aquí otras expresiones delicadas, como ésta en elogio de un sabio, que *murió* tan bien como había vivido: *su fin no fue indigno de su vida.*

Sin embargo no es siempre permitido tomar un nombre por otro indistintamente; pues además de que las expresiones figuradas deben ser en algún modo autorizadas por el uso, alomenos el sentido literal que se quiere dar a entender, ha de presentarse naturalmente al entendimiento sin ofender la razón, ni los oídos acostumbrados al rigor y pureza del estilo figurado. Si de una armada compuesta de treinta navíos, se dijese, de treinta popas, se cometería una *synecdoche* dura y ridícula. Cada parte no se toma por el todo, ni cada género por la especie, ni cada especie per el género, etc. Sólo el uso da este privilegio a una palabra, y no a otra.

Metonimia

La palabra metonimia significa transposición, o mutación de un nombre en otro; en cuyo sentido este *tropo* comprehende a todos los demás; pero los retóricos le restringen a los usos siguientes:

1.º Tomando la causa por el efecto, como: *sol fuerte,* por *calor fuerte; vivir de su trabajo,* por *vivir de su salario,* o de lo que trabaja. Aquí pertenecen los inventores de algún arte, por los efectos de la invención: como *Ceres,* por el trigo; *Baco,* por el vino, *Marte,* por la *guerra.* También los autores por sus obras, como: léase a Cicerón, a Virgilio; otras veces se toma la causa instrumental por los efectos que produce; como: *tiene buena pluma,* por decir *escribe bien; tiene buenas manos, por* decir *trabaja bien.*

2.º El efecto se toma por la causa, como cuando decimos: la *pálida muerte,* por la palidez que causa en los cadáveres; por lo mismo decimos: la *ciega herejía, la pesada vejez.*

3.º Se toma el continente por el contenido, como cuando decimos: arde el consejo, por la *casa del consejo: comió un buen plato,* por decir, *un buen manjar: implora al Cielo,* es decir a toda la Corte de los Santos y Ángeles. Asimismo decimos: *el Oriente es esclavo,* por los pueblos que habitan en aquellas regiones: *toda la tierra le aclama,* por decir, *todos los hombres,* etc.

4.º El contenido por el continente, como: *San Pedro, por su Templo:* también decimos: una pieza de Bretaña, de *Holanda, de Gante,* tomando el lugar de la fábrica por el artefacto.

5.º Por la misma regla el Liceo se toma por la doctrina o secta de Aristóteles, porque la enseñaba en aquel sitio; el Pórtico por la de Zenón: la Academia, por la de Platón. Así diremos muy bien: Cicerón formó su alma en el estudio del Pórtico y de Liceo.

6.º El signo se toma por la cosa significada como: el *cerro por* la *dignidad Real; la tiara* por el *Pontificado; el capelo* por el *Cardenalato; la* toga por la *Magistratura;* las *armas* por la *milicia*; las *águilas* por el *Imperio; la oliva por la paz; la palma* por la *victoria ,etc.*

7.º El nombre abstracto por el concreto, como cuando la guardia se toma por el *guarda; la esperanza por la cosa esperada:* así decimos: *Dios es mi esperanza;* mismo modo: *Juan es mala compañía,* por decir *mal compañero.*

8.º Las partes del cuerpo, que se miran como asiento de las pasiones, o de los sentimientos, se toman por los sentimientos mismos. Así decimos:

tiene un gran corazón, por un gran valor: *tiene mucho seso, por mucho juicio; no tiene entrañas*, por decir: *no tiene compasión*, etc.&c.

Metalepsis

LA metalepsis es una especie de metonimia, por la cual expresamos lo que se sigue para hacer entender lo que precede; o al contrario: este tropo abre como la puerta para pasar de una idea a otra, o por decirlo mejor, es un continuo juego de ideas accesoria, que se llaman la una a la otra.

La partición de bienes se hizo a los principios por suerte, y como ésta precede a la partición: de aquí ha provenido, que *suerte* se toma *por partija*, esto es, el antecedente por el consecuente. Dice un escritor, pintando la disolución de Roma cuando, perdió las costumbres: *Un histrión dio herederos a los descendientes de los Scipiones y Emilios*, haciendo entender por un consecuente decorosa y disfrazado un antecedente, que envuelve la idea de una torpe bajeza. ¡De qué socorro no son los tropos para la pluma que sabe manejarlos!

Pertenecen a la metalepsis estos modos de hablar: él olvida los *beneficios,* esto es, no los corresponde: *acuérdase Vmd. de nuestro trato*, esto es, cumplale Vmd. *Señor, no os acordéis de nuestras faltas*, esto es, no las castiguéis; *yo he vivido ya bastante*, por decir, ya me llama la muerte.

La metalepsis también se comete cuando, suprimiendo muchas ideas intermedias, pasamos como por grados de una significación a otra. Así se dice: *Pedro no verá muchos Agostos*, esto es, no vivirá muchos años: *Juan tiene muchas navidades*, esto es, tiene mucha edad.

Antonomasia

La *antonomasia* es una especie de *synecdoche,* por la cual ponemos un nombre común en lugar de un nombre propio, o al contrario.

En el primer caso queremos dar a entender, que la persona, o cosa de que hablamos es la más excelente sobre cuantas comprehende el nombre común; y en el segundo queremos significar, que aquel de quien hablamos se parece a los que tienen su nombre, célebre por alguna virtud o algún vicio.

Los nombres de *Apóstol, Rey, Filósofo, Poeta, Orador* son comunes; sin embargo la antonomasia, haciéndoles particulares, los hace equivaler a nombres propios.

Así cuando los antiguos dicen: el *Filósofo,* entienden a Aristóteles;

cuando los Griegos y los Latinos dicen el Poeta, entienden los primeros a Homero y los segundos a Virgilio; por lo mismo cuando unos y otros dicen, el *Orador,* entienden los segundos a *Cicerón,* y los primeros a Demóstenes. En fin cuando nosotros decimos el Rey, entendemos el que nos gobierna, y cuando el *Apóstol, a San Pablo.*

Los adjetivos, o epítetos son nombres comunes por sí, y aplicables a diferentes objetos; mas entonces la *antonomasia los* hace particulares. Así llamamos a ciertos Príncipes famosos, el *Conquistador,* el *Sabio,* el *Prudente, el Piadoso:* al modo que los teólogos cuando dicen del *Doctor Angélico* entienden a santo Tomás, y a San Buenaventura cuando nombran el *Doctor Seráfico.*

A la segunda especie de *antonomasia* se refiere la acepción del nombre propio por algún epíteto o nombre común: *Sardanápalo* fue un Príncipe sumergido en los deleites; así decimos de un hombre muy sensual: es un *Sardanápalo.* Nerón fue un Príncipe cruelísimo, así de cualquiera que muestre gran crueldad, se dice. *es un Nerón.* Del mismo modo se dice: es un *Catón* de aquel que posee austeras virtudes: es un *Mecenas* del que protege los literatos.

A esta segunda especie se refiere también la acepción del nombre gentílico por algún atributo característica de aquella nación: así se dice: es un Francés, esto es, un hombre ligero: es un Alemán, es decir, un hombre flemático: es un Inglés, por un hombre meditabundo.

Últimamente pertenece a esta especie la aplicación del nombre patronímico a los descendientes de un linaje, como cuando decimos: *Romúlides a los* Romanos; *Dardánides* a los Troyanos; S*arracenos* a los Moros, y *Otomanos* a los Turcos, etc. De la propia suerte adaptamos a las divinidades paganas los nombres de los lugares de su primitivo o más famoso culto, o de su fabuloso nacimiento, y decimos: el *Tebano* por Hércules, el *Capitolino* por Júpiter, *Citerea* por Venus, *Delia* por la Luna. Igualmente tomamos el nombre de la patria por el de sus más famosos hijos, o el de alguna ciudad por el de los Prelados que la han ilustrado: así decimos el *Nebrisense* por Antonio de Nebrija; el *Niceno por San Gregorio* de Nyssa; el *Abulense por el* Tostado, Obispo de Ávila, etc.

Onomatopeya

Este tropo se comete por la elección de aquellas voces que imitan el sonido natural de lo mismo que significan: así decimos: el *graznido* del cuervo, el *maullido* del gato, el *mugido* del buey, etc. También se comete cuando formamos palabras que imiten el ruido de objetos inanimados, como son el *silbido* de las balas, el *chisporroteo* de la leña, el *estampido* del rayo, etc.

Catacresis

Unas veces se comete *la* Catacresis, cuando nos servimos para expresar una idea del signo propio de otra que tenga una analogía más próxima con la primera; o cuando la lengua carece de término peculiar y determinado para representarla.

En el primer caso, que se llama modo *extensivo,* decimos: cabalgar un caballo, y cabalgar una caña; dar un escudo, y dar un consejo; construir un navío, y construir un templo; las hojas de una higuera, y las hojas de un libro, una columna de mármol, y una columna de infantería, etc. En el segundo caso decimos platero al que trabaja en plata como en oro; y herrar un caballo, aunque las herraduras sean de plata, etc.

II. TROPOS DE PENSAMIENTO

Alegoría

La alegoría, compuesta de una continuada metáfora, es un discurso que al principio se presenta bajo de un sentido propio, que parece otra cosa totalmente distinta de la que queremos dar a entender, si bien sirve al fin de comparación para dar la inteligencia de otro sentido que no expresamos.

La metáfora junta la palabra figurada con el término propio; así decimos: el *fuego de tus ojos;* aquí la voz ojos se toma en su sentido propio; a diferencia de la *alegoría*, donde todas las palabras desde la primera tienen un sentido figurado, o por mejor decir, todos los términos de un discurso alegórico forman desde el principio un sentido litera, mas no el que se quiere, ni se debe entender. Pues éste solamente se descubre al fin, cuando las ideas accesorias, descifrando el sentido literal riguroso, lo aplican oportunamente por semejanza. Las de esta especie se llaman *alegorías puras;* para* cuyo ejemplo léase ésta: *Veamos esta tierna yedra cuan estrechamente se abraza con la majestuosa encina: de ella saca su sustancia, y su vida depende de la de este robusto bienhechor: ¡Grandes de la tierra! vosotros sois el apoyo de los pobres que os buscan.* La semejanza de los Grandes descubre y caracteriza aquí la *alegoría*.

Hay otra especie de alegoría, llamada mixta por estar entretejida de voces, unas propias, y otras transferidas, que viene a ser un compuesto de metáforas análogas al objeto, principal. Un historiador, pintando el estado de la Alemania después del atentado de Cromwel en Inglaterra, dice: *La Alemania, mezclando el estaño de los publicistas con el azogue de los herejes, presentaba a la espada de las discordias civiles un espejo, que detenía el brazo levantado del odio y la ambición.* Aquí las palabras propias son *Alemania, publicistas, herejes, discordias, odio, y ambición,* y las transferidas, o figuradas en comparación de aquellas, son *estaño, azogue, espada, espejo, y brazo.* Pero al fin todas juntas forman un espejo moral y sus efectos.

Toda *alegoría* conservará en la continuación, del discurso aquella *imagen* de donde saca las primeras expresiones; quiero decir, que una *alegoría* debe sostenerse hasta el fin por imágenes análogas a la que es el *archetypo,* de toda la figura.

Si el navío, por ejemplo corriendo una tormenta ha de representar la república combatida por la guerra civil, es menester que a la imagen principal de navío naufragante sigan las demás que acompañan las partes y movimientos de una nave, la furia de los vientos, y la braveza de las olas; pues la *alegoría* siempre acaba con el mismo género de translación por donde empieza. El que principiase por una inundación, y finalizase por un incendio, el que por un león, y acabára por un terremoto, formaría ciertamente una figura monstruosa.

Es muy natural hablar con metáforas, porque la imaginación, que tuvo gran parte en la formación de las lenguas, ayuda mucho a la enunciación de las ideas, presentando al entendimiento objetos palpables. Pero no es muy natural tejer el discurso con una continuada metáfora, esto es, con una alegoría dilatada: porque ésta es una composición de mucho estudio, una cadena de muchos eslabones, que dependen hasta el último del primero que los liga a todos.

El sentimiento y la razón, dos principales instrumentos de la elocuencia, no han de dejarse poseer de la imaginación, de tal manera que ésta los sufoque. Ciertas alegorías breves, llenas de alma, y pedidas por el mismo asunto, son tolerables, como rasgos rápidos de un ingenio que pinta de una pincelada. Pero la *alegoría* dilatada es un plan previsto; cuando por el contrario, la elocuencia ha de ser como no pensada

En la pintura del renacimiento de la buena filosofía dice un autor: *Después de tantos siglos que los hombres divagaban entre las tinieblas de la escuela, Descartes dio el hilo, Newton las alas para salir del laberinto.*

Aludiendo también a las fábulas del Dragón de Cadmo, y la Vía láctea, dice otro: *La agricultura con los frutos de la tierra produce los hombres, y con los hombres las riquezas. No siembra los dientes del Dragón para parir soldados que se devoren; antes derrama la leche de Venus, que puebla al cielo de una innumerable multitud de estrellas.*

Además, como la *alegoría* es una serie de objetos comparados, y es casi imposible que la comparación sea difusa y exacta al mismo tiempo, sucede que queriendo comparar todas las partes y circunstancias del objeto principal, no se halla perfecta analogía, y sí se halla, a veces el asunto no la merece: porque ¿quien creerá que todos los objetos sean dignos de presentarse con una metáfora?

Es trabajo frío y pueril el circunstanciar demasiado la alegoría. De los dos objetos de que se forma sólo se deben comparar las principales relaciones que tienen entre sí, siempre las más excelentes, las más grandes, las más conducentes al fin del orador que desprecia lo minucioso.

Pongamos, por ejemplo, la *alegería* de un navío comparado con la república. Entre estos dos objetos principales, en sacando del navío *el Capitán,* comparable con el que está revestido de la suprema autoridad; la brújula, comparable con las leyes; las *olas del mar* con las facciones; los *vientos* con los ambiciosos, etc. todo lo demás, como la quilla, el *triquete,* el *bauprés,* el *farol,* ¿con qué se compararán que no sea menudo, pueril, y ridículo?

De la alegoría pura nacen los *proverbios,* las *parábolas, los apólogos,* y los *enigmas,* que son otras tantas especies de alegorías.

PROVERBIOS.- Los proverbios tienen a primera vista un sentido propio, que es el verdadero; mas no el que se quiere dar a entender. Por otra parte tienen poca dignidad, y comúnmente pertenecen al estilo ínfimo y familiar; así decimos: el *que tiene tejado de vidrio no tire piedras a su vecino. - A río revuelto ganancia de pescadores, etc.*

PARÁBOLA.- Las ficciones que se producen como otras tantas historias para sacar de ellas alguna moralidad, son *parábolas,* o fábulas morales, como las de Esopo. Pero en la parábola todos los sujetos que se introducen son racionales; en lo que se distingue de la fábula.

Aunque la *párabola* es una especie de alegoría, parece que ambas se distinguen por sus objetos; pues las máximas morales lo son de la primera, y los hechos históricos de la última. Ambas en fin son una especie de velo enigmático, que el escritor de ingenio puede hacer más o menos transparente.

El estilo parabólico lisonjea la imaginación, y excita la curiosidad: así capta al pueblo que gusta de todo lo que le mueve y ocupa. Cristo tomó las parábolas como instrumento poderoso para introducir su doctrina indirectamente, esto es, con más suavidad en el corazón del pueblo judío.

APÓLOGO.- El apólogo es una moralidad que se oculta bajo el velo simbólico de una narración fingida, pues viene a ser otro disfraz que cubre las verdades con una ficción moral, para que hallen después la entrada más libre. Comúnmente desengañan con mucha dulzura y viveza. Un *Rey, dice Plutarco, creyendo que el oro hacía las riquezas extenuaba sus vasallos en el trabajo de las minas: todo parecía, y los habitantes recurrieron a la Reina. Ésta mandó hacer secretamente panes, frutas y manjares de oro, y los hizo servir en la en la mesa de su marido. Su vista le alegró mucho, pero luego sintió hambre y pidió de comer. No tenemos más que oro, respondió la Reina; porque como los campos están incultos, y nada producen, se os sirve lo único que nos queda y llena vuestro gusto. El Rey entendió la advertencia y se corrigió.*

ENIGMA.- Es una especie de alegoría, que oculta artificiosamente el objeto a que conviene, siendo éste al mismo tiempo el que se propone adivinar. *Los enigmas* son semejantes a los problemas: fórmanse por una dificultosa cuestión de las contrariedades del sujeto, haciéndole oscuro y difícil de descifrar; al contrario de las demás alegorías, que se presentan de modo que puedan aplicarse sin dificultad.

Pero como la elocuencia y los oradores ya han desaparecido de un país, cuando la verdad necesita de salir envuelta en figuras; por eso el enigma siempre ha reinado entre los Orientales, cuyo estilo alegórico es la prueba más constante de la influencia que el despotismo tiene en la expresión de los esclavos. Dícese que un gymnosofista Indio inventó el juego del ajedrez para advertir a su Nabab las obligaciones y peligros de su puesto.

Ironía

Por medio de la ironía damos a entender lo contrario de lo que decimos; y a este fin nos valemos de términos enajenados de su sentido propio y literal: v. gr. quiero decir con disimulo, que aquel es un mal poeta, diré que es otro Virgilio.

Las ideas accesorias son de un gran uso para conocer la ironía: el tono de la voz del que habla, y mucho más el conocimiento del demérito y carácter de la persona de quien se habla sirven para descubrir la ironía mejor que las mismas palabras que la componen.

En el discurso contra Pisos, que vendía por moderación y desapego a los honores el no haber triunfado de Macedonia, dice así Cicerón: *¡Qué infeliz es Pompeyo, por no haberse aprovechado de tu consejo! ¡Oh! ¡qué mal ha hecho en no haber abrazado tu filosofía! Pues ha cometido la locura de triunfar tres veces. Yo me avergüenzo, oh Craso! de tu ardiente ambición, hasta hacerte decretar por el Senado la corona laureada, después que concluiste la más horrorosa guerra. Oh! necios Camilos, Curios, Fabricios! Oh! insensato Paulo! ¡Oh rústico Mario!*

Perífrasis

Así como la *frase* es aquella expresión o modo de hablar, o por mejor decir, aquel encadenamiento de palabras que hace un sentido finito o infinito; la *perífrasis,* o circunlocución es la aglomeración de muchas voces que expresan lo que se podría decir con menos, y a veces con una sola. A este modo decimos: el *vencedor de Darío, por Alejandro: el descubridor de un nuevo mundo,* por Colón: el *apóstol de las Gentes, por San Pablo, etc.*

Nos servimos de *la perífrasis,* unas veces para no ofender el *pudor,* disfrazando la torpeza, o poca decencia de un pensamiento, como en este caso: el *importuno triunfó de su resistencia,* por no decir, la violó: otras para no irritar el amor propio del oyente, suavizamos la dureza de alguna proposición que ceda en demasiado elogio nuestro. Entonces la modestia dicta que usemos de los rodeos más suaves, como, el del célebre Príncipe de Orange, cuando, preguntado por una señora ¿cuál era el primer General de aquel tiempo? responde el *Marqués de Espinola es el segundo,* por no decir, que él era el primero.

Aquí pertenece la *litote,* por la cual se dice menos para hacer entender más, como en esta expresión: *el héroe necesitaba de otro panegirista,* por decir que no fue bien celebrado.

Sirve la *perífrasis* para ilustrar lo oscuro, donde son de un gran uso las definiciones, que se pueden mirar como otras tantas perífrases. así en vez de decir solamente: la posteridad, se puede amplificar de este modo: la que juzga en el sepulcro los sabios y los Reyes, y pone cada cosa en su lugar.

A esta segunda especie pertenece la *paráfrasis,* que viene a ser una glosa o comentario de la proposición, pues volviendo el autor a tomar el discurso, se extiende, y explica su mente, añadiendo reflexiones, circunstancias, o deducciones que ilustren más la materia.

La paráfrasis explica y desentraña el primer pensamiento, añadiéndole otros, y la perífrasis no hace más que substituir una palabra, o una expresión, sin alterar la sustancia. Es muy noble y delicado este modo oratorio de amplificar y esclarecer un pensamiento sin aquel magisterio pedantesco y tono dogmático, hijo del mal gusto y sequedad de la escuela. De cierto filósofo insigne dice un escritor: *fue discípulo de Descartes, como Aristóteles lo había sido de Platón; añadiendo sus ideas a las del Maestro.* Esta última cláusula es la *paráfrasis,* porque explica el sentido en que aquí se considera el discipulado de Aristóteles.

En otra parte dice otro del favor que recibían las letras entre los antiguos: *Los protectores se bajaban a igualarse con los protegidos, y Horacio escribía a Mecenas; que es decir, al mayor Grande del mayor Imperio.* La distancia de Horacio a Mecenas no sería bien conocida y ponderada sin la última cláusula comenta las dos antecedentes.

De otro dice una elocuente pluma: *colmado de riquezas y honores se bailaba cada día más infeliz que antes; esto es, sentía que la vida pesa mucho al hombre que ya no espera, ni desea.*

Volvamos a los diferentes usos de la *perífrasis*. Nos valemos en fin de este tropo para exornar el discurso, a que contribuyen mucho las descripciones, que siempre representan el pensamiento con colores más graciosos y nobles, y con la variedad de las pinturas que recrean la imaginación.

Para decir sencillamente*: El sol nace anunciado del alba, ahuyentando la noche, y alegrando las criaturas,* dice un ingenioso escritor: *Ya vienen anunciándole rayos de fuego, que envía de precursores. El incendio aumenta, el Oriente se cubre de llamas; y los melodiosos coros de las aves saludan su deseado arribo. Luego las eminentes cimas de los montes aparecen doradas, y las descolladas copas de las encinas empiezan a relumbrar. Un punto resplandeciente asoma, corre toda la faz del horizonte, llena todo el espacio; y el velo de las tinieblas se rasga y cae. Entances toda la naturaleza abre los ojos para ver al padre de la vida.*

Por decir sencillamente: la *lengua griega,* dice uno: *esta lengua con que Homero hizo hablar a los Dioses, y Platón a la sabiduría.* Pero la perífrases son superfluas, siempre que no dan al discurso más nobleza y fuego; son inútiles, siempre que no dan al discurso más nobleza y fuego, son inútiles, siempre que no presentan alguna cosa nueva, o no añaden idea alguna accesoria para quitar el discurso la languidez o la oscuridad:

finalmente son viciosas, siempre que sean oscuras, demasiado hinchadas o sutiles, y que no sirven ni para claridad, ni para adorno.

Después de una expresión viva, noble y sólida la perífrasis es una vana pompa, y estéril abundancia. Cuando el entendimiento es herido de una idea felizmente expresada, no gusta de hallarla otra vez bajo de imágenes menos fuertes y hermosas, que no le presentan cosa nueva ni interesante.

Quejándose el padre de los tres Horacios de la huida de su hijo, le responde Julia: *¿qué querías que hiciese contra tres? Morir*, responde el padre, *o buscar en la desesperación la última fortuna*. El autor de este paraje, después que le hizo decir morir, debía haberse parado es esta sublime y breve respuesta, y no añadirle la última frase, que le quita el vigor, y la nobleza.

Hipérbole

Cuando estamos penetrados vivamente de alguna idea, y los términos comunes nos parecen poco fuertes para expresar lo que vamos a decir, nos servimos de palabras, que tomadas literalmente, exceden la verdad, y representan lo más o lo menos para significar algún exceso en lo grande, o en lo pequeño.

El oyente rebaja de la expresión lo que es menester rebajar, formándose una idea más conforme a la nuestra que la que podíamos excitarle por medio de palabras propias. Así para dar a entender la ligereza de un caballo, decimos: *es más veloz que el viento; y ha un siglo que camina*, se dice para explicar la lentitud con que viene una persona.

Muchos hipérboles leemos en la sagrada Escritura, como en el Éxodo cap. 3 donde dice: *Yo os daré una tierra por donde corran arroyos de leche y miel*, por decir, *una tierra fértil*. En el Génesis: *Yo multiplicaré tus hijos como los granos del polvo de la tierra*, por decir, *tendrás una prole muy numerosa y dilatada*.

De cuatro modos se puede aumentar una cosa con el hipérbole: 1.º Por demostración, como: *Pedro es un Cicerón*. 2.º Por semejanza: *Pedro es como un Cicerón*. 3.º Por comparación: *Pedro es más que Cicerón*. 4.º Tomando el abstracto por el concreto: *Pedro es la misma elocuencia*.

Véase como un historiador moderno pinta la Grecia para encarecer a Corinto: *Corinto, llave que abría y cerraba el Peloponeso, era la ciudad de mayor importancia en que la Grecia era un mundo, y las ciudades naciones enteras*. Otro escritor, hablando de las conquistas de Alejandro, dice: *Fueron tan rápidas, que el imperio del universo mas bien pareció galardón de la carrera, como en los juegos olímpicos, que no fruto de la victoria.*

Hablando de los excelentes artistas de Grecia dice otro: *Atenas produjo los Praxiteles y los Fidias, de cuyos cinceles salieron Dioses, capaces de hacer en algún modo disculpable la idolatría de los Atenienses.*

Pero son impropios de la oratoria aquellos hipérboles, que no contentándose con lo verosímil, pasan hasta lo imposible: estos nunca dicen lo que es la cosa; y no sólo no dicen lo que pudiera ser, sino que se arrojan a lo repugnante. Estas excesivas ponderaciones son más permitidas a la imaginación poética, que puede alguna vez sacar la naturaleza de sus quicios; como cuando dice aquel poeta: *Al pie de una corriente lloraba Galatea de sus divinos ojos por lágrimas estrellas.* Esta expresión es afectada, y repugnante a la verdadera elocuencia, donde la grandeza o importancia de los asuntos dictan al orador pensamientos grandes, pero naturales. Léase este epíteto a la memoria de Carlos V. *Por túmulo todo el mundo, por luto el cielo, por bellas antorchas pon las estrellas, y por llanto el mar profundo.* Aquí se descubre un violentísimo esfuerzo para juntar en la imaginación distancias tan enormes, y extremos tan repugnantes a la verosimilitud, y aun a la comprehensión humana.

De estos encarecimientos colosales se forma el lenguaje de los enamorados, esclavos, y aduladores. Pero la expresión del orador en un asunto alto puede ser alta, más no tanto que se pierda de vista Mas tolerables son aquellos hipérboles, que por una especie de gradación van levantando, o bajando el pensamiento hasta su último término, sin dejar estos inmensos intervalos que saltan las imaginaciones desarregladas.

Silepsis

La *silepsis oratoria es* una especie de metáfora o conspiración, por cuyo medio un mismo término recibe dos acepciones en la misma frase, una en sentido propio, y otra en el figurado.

Un autor para explicar que Aquiles, principal motor del incendio de Troya, ardía en amor de Andrómaca, dice: *ardía con más llamas de las que había encendido.* Aquí la palabra ardía tiene el sentido propio respeto al incendio que puso en Troya y el figurado respeto a la pasión ardiente que tenía por Andrómaca. Pero como quiera que este tropo juega mucho con las palabras, pide bastante circunspección para huir de toda afectación ingeniosa.

También corresponde a este género de translación una misma *frase dos veces figurada*, esto es, cuando en el primer sentido pertenece a un tropo, y en el segundo a otro. Leemos, por ejemplo: es *menester mortificar la carne:* en esta expresión, la *carne* se toma por el cuerpo humano, y como tal por las pasiones que en él se encierran y en este sentido se comete la *synecdoche; mortificar* es una palabra metafórica que aquí significa abstenerse de todo deleite sensual.

ARTÍCULO II. DE LAS FIGURAS.

Aunque es muy común y frecuente en el lenguaje ordinario del hombre civil el uso de las figuras, no por eso la retórica, que las expone y clasifica, deja de considerarlas como uno de los recursos más poderosos de la elocución oratoria.

Ningún arte ha inventado las figuras: lo confieso. La naturaleza las dicta desde que hay hombres que tienen necesidad de persuadir a los demás, o interés en engañarlos: la naturaleza las dicta, vuelvo a decir, en el tumulto de las pasiones. Nadie duda de la moción natural del tratante en una feria, del llorón e importuno mendigo en una puerta, y del rústico que riñe su pleito. Todo esto es verdad: mas aunque sea natural tener pasiones, y por consiguiente conocer su idioma, el orador tranquilo, que siempre defiende la causa ajena, y que ha de imitar con nobleza y regularidad los movimientos inspirados en las almas groseras por la pasión atropellada, necesita del arte que pule, rectifica, y proporciona para la elocuencia pública lo que la naturaleza agitada produce tosco y superabundante en los debates e intereses particulares.

Las figuras, pues, son unos modos de hablar, que no sólo expresan el pensamiento como las demás frases ordinarias, sino que lo enuncian de una manera particular que las caracteriza. Éstas, oportunamente empleadas, dan fuerza, nobleza, y hermosura al discurso; porque a más de expresar el pensamiento como las otras locuciones, tienen la ventaja de una gala particular que las distingue entre las frases sencillas, a fin de despertar la atención y deleitar los ánimos.

Pero aunque las figuras vienen a ser el lenguaje de la imaginación o de las pasiones, no son ellas solas las que forman toda la hermosura del discurso: tenemos muchos ejemplos en diferentes géneros de estilos, donde todo el mérito nace de un pensamiento expresado sin figura. Hablando un político de Carlos XII de Suecia, que algunos han querido comparar con Alejandro, dice: *Carlos no fue Alejandro, pero hubiera sido el mejor soldado de Alejandro.* ¿Cómo quieres ser tratado? le pregunta Alejandro a Poro, que acababa de hacer prisionero: *como Rey*, responde. Aquí hay grandeza y sublimidad, y no hay figura.

Así diremos que hay infinitos modos de hablar con gracia y nobleza, que sacan su mérito del pensamiento, y no de la expresión. No por eso las figuras, cuando no son impertinentes ni forzadas, dejan de hermosear el discurso; antes la misma sustancia del pensamiento recibe más viveza, fuerza, y esplendor.

División de las figuras

Los retóricos distinguen dos clases de figuras, unas de dicción, y otras de sentencia. Las de la primera especie son tales, que siempre que se mude el orden, o quite el número de las palabras, desaparece su forma figurada, y la frase queda en su estructura simple y gramatical. Las de la segunda especie al contrario, son inalterables aunque se muden las palabras, porque como quiera que su efecto dimane de la naturaleza de los pensamientos, y del aspecto con que los presenta la imaginación, pertenecen a todos los estilos y a todos los idiomas.

I. FIGURAS DE DICCIÓN

Repetición

Se llama repetición cuando comenzamos todos los incisos o *cláusulas* del discurso con una misma palabra, por ejemplo: S*cipión rindió a Numancia; Scipión destruyó a Cartago; Scipión en fin salvó a Roma de la ruina de las llamas.* Véase otro: *Si deseas los honores, si buscas la felicidad, todo lo hallarás en la virtud.* De la constitución de Grecia habla así un historiador: *La Grecia, siempre sábia, siempre sensual, y siempre esclava, en todas sus revoluciones no experimentó sino mudanzas de Soberanos.*

Esta *figura* es muy propia para expresar el carácter de las pasiones vehementes que como fijen el alma fuertemente a un objeto, y no le dejen ver otros, repiten muchas veces las palabras que lo representan. *¡De su esposo tanta falsedad!* (exclama una mujer abandonada) *¡De un esposo tanta malicia! ¡De un esposo tanta crueldad!*

Esta figura pueda también cometerse por repetición de palabras de un sentido demostrativa, que avivan más la idea de la misma cosa que se explica. Por ejemplo: *Parece que los primeros hombres perdieron de vista el derecho de la naturaleza: de aquí nacieron nuestros errores, nuestros delitos, nuestras calamidades, nuestros enemigos, nuestras guerras.* Cada *nuestro* renueva y aviva la idea de lo que vemos, sentimos, y experimentamos en la presente constitución moral y política en que vivimos.

Otro, hablando del suicidio de Catón, dice: *Este Catón, este filósofo, este patriota no supo hacer su muerte provechosa a su patria.* La repetición del pronombre *este* cada vez despierta y fija de nuevo nuestra atención al sujeto de que se habla; como si se diere a entender, cuando se dice *este* Catón; *este*, de cuya virtud tenemos tan alta idea; este *filósofo*, un *hombre* que hemos oído celebrar por tan sabio, *este* patriota, un Romano el más amante de su patria, no supo serle útil en la última hora.

Esta *figura* es admirable para insistir fuertemente en una prueba, o inculcar alguna verdad. Por ejemplo, para probar que la poesía fue el primer lenguaje de los sabios, dice uno: *En verso se enseñaron los primeros principios de la Religión; en verso se escribieron las primeras leyes de los hombres; en verso se entonaron las primeras alabanzas a la Divinidad; en verso hablaron los primeros teólogos, los astrólogos, e historiadores*: como si dijera: en verso, en lo que no creéis, o que dudáis, sí, en verso.

A esta *figura* pertenecen la *conversión,* la *complexión,* la *conduplicación, o traducción, la reiteracion, y la gradación,* las cuales son otras tantas *repeticiones* modificadas, o figuras por adición de una misma palabra.

Conversión

La *conversión* es una repetición puesta al fin de los miembros o períodos como cuando dice Cicerón: *¿Lloráis la pérdida de tres ejércitos del pueblo? los destruyó Antonio. ¿Sentís la muerte de nuestros ciudadanos más ilustres? os los robó Antonio. ¿Veis hollada la autoridad de este orden? hollola Antonio.*

Complexión

La complexión abraza las dos figuras antecedentes, porque contiene la *repetición* al principio y al fin de la cláusula. Por ejemplo: *¿Quién quitó la vida a su mismo madre? Sólo fue Nerón? ¿Quién hizo espirar por el veneno a su propio preceptor? Sólo Nerón. ¿Quién hizo gemir la humanidad? El mismo Nerón.*

Conduplicación

Es aquella duplicación de una misma palabra en el principio de una frase. Por ejemplo: *Temía, temía sí, no la muerte, sino la tremenda eternidad.* Así dice otro autor: *No, no cede jamás el héroe, si no es por generosidad.*

Cométese también esta figura, cuando una misma dicción o expresión es final de una frase, e inicial de otra que sigue; como cuando Cicerón dice a Herennio: *Osas aún presentarte hoy a su vista, traidor a la patria! Traidor a la patria, ¡te atreves hoy a ponerte delante de ellos!* Mueve grandemente la impresión duplicada de una misma palabra.

De la beneficencia y modestia de Marco Aurelio, así habla su panegirista: *Los pueblos invocaban a Marco Aurelio, y Marco Aurelio los consolaba en sus desgracias. Todos adoraban a Marco Aurelio, y Marco Aurelio huía de sus inciensos.*

Traducción

Esta figura es la muchedumbre de finales; como cuando ponemos una misma dicción en todos los casos, modos y tiempos ligeramente variados: así dice Cicerón: *Llenos están todos los libros, llenas las expresiones de los sabios llena de ejemplos la antigüedad.*

Reiteración

La *reiteración* es la posición de una misma palabra al principio y fin de la frase: como es ésta: *crece el amor del dinero, cuanto el mismo dinero crece.* Y en otra: *los hombres desde el atroz derecho de la guerra se armaron contra los hombres; esto es, la fuerza se destruyó por la fuerza.* En una frase común podía haberse dicho: *los hombres se armaron unos contra otros, destruyendo una fuerza con otra.* ¿Pero cuánta más viveza y vigor tiene la primera expresión?

Otras veces se hace la reiteración de un modo que parece vicioso, pero dispuesto con arte hace un grande efecto: como por ejemplo: *este hombre, es verdad, juntó el valor y la constancia; pero por falta de sabiduría degeneraron en sus manos este valor y esta constancia.* Este modo es muy propio para encarecer o rebajar más las cosas.

Gradación

La gradación es aquella progresión de palabras que enlazadas, de dos en dos, suben como por escalones hasta la que es el término de su incremento; como en ésta: *Numa fundó las costumbres Romanas en el trabajo, el trabajo en el honor, y el honor en el amor de la patria.* Y en otra: *el fin de la guerra debe ser la victoria, el de la victoria la conquista, el de la conquista la conservación.*

Esta figura tiene dos respetos: en cuanto a las palabras pertenece a la clase de figuras de dicción, y en cuanto al pensamiento a las de *sentencia.*

Conjunción

Esta *figura*, que parece la más frívola y pequeña, ocupa un gran lugar en la locución natural. Un hábil artista todo lo aprovecha, porque para él todos los instrumentos son útiles y nobles.

Así las conjunciones, aunque la parte más pequeña de la oración, se hacen grandes cuando se multiplican en ciertos lugares: sirven entonces para insistir más y más en aquellos objetos de que el alma del orador está toda íntimamente ocupada, mas no violentamente poseída; porque en este caso suprimiría las partículas y palabras conjuntivas, y formaría la figura contraria, llamada disolución.

Así se explica una doncella Israelita en la mortandad de su nación ordenada por Amán: *¡Qué mortandad por todas partes! Se asesinan a un mismo tiempo los niños, y los ancianos, y la hermana y hermano, y la hija, y la madre, y el hijo en los brazos de su padre.*

Disolución

Esta figura opuesta a la conjunción, suprimiendo las partículas copulativas, expresa con más rapidez la viveza, o abundancia de los sentimientos.

Como en esta figura no se ligan las palabras, parece que el que habla tiene mucho más que decir: desátanse, por decirlo así, los nudos a la oración, mas no se corta el hilo. Así habla un autor de ciertas tropas: *huyeron, se precipitaron, se perdieron.* De la última acción de Bruto dice así: Un político: *Bruto quiere libertar a Roma, asesina a César, levanta un ejército, acomete, pelea, se mata.* Una Princesa despechada dice así: *A Dios: puedes partir. Yo me quedo en Epiro: renuncio la Grecia, Esparta, su imperio, mi familia.*

Hasta aquí hemos tratado de las figuras cometidas por *adición o reduplicación* de palabras, que sin ser necesarias al pensamiento, le comunican cierta fuerza y nobleza, cuando se manejan sin afectación pueril, y con sobriedad: ahora trataremos de las que se cometen por *supresión* de palabras.

Relación

Esta figura consiste principalmente en una coordinación de palabras, que colocadas con cierto arte y orden simétrico, se corresponden mutuamente las unas a las otras, y por esta especie de concierto y cadencia lisonjean la atención.

Como cuando Cicerón dice de Pompeyo: *Hizo brillar en la guerra su valor; en la administración su justicia; en la embajada su prudencia.* Igualmente dice otro orador del Vizconde de Turena: *Hombre grande en la adversidad por su fortaleza, en la prosperidad por su modestia, en las dificultades por su prudencia, en los peligros por su valor, y en la religión por su piedad.* Esta *figura* bien manejada es excelente para la elegancia y fluidez del estilo.

Final semejante

Esta figura se comete cuando en el final de muchas frases se encuentran palabras casi semejantes en el número y acentuación de las sílabas: como cuando de César dice Cicerón: *No sólo a su voluntad los ciudadanos asistieron, los aliados lisonjearon, los enemigos obedecieron, mas hasta los vientos, y las tempestades respetaron.*

Como la afectación del estudio lo hace todo vicioso, y estas especies de figuras disimulan poco el artificio, nos valdremos sobriamente de estos adornos, sobre todo cuando se trata de herir, enternecer, horrorizar, o inflamar al oyente con la vista de los males que le amenazan, o de los bienes que espera.

II. FIGURAS DE SENTENCIA

Antítesis

El antítesis es aquella oposición de palabras o frases de un sentido contrario entre sí: como aquello de Cicerón: *Venció al pudor la lascivia, al temor la osadía, a la razón la locura.*

Esta figura, más aguda que sólida cuando la contrariedad no cae sobre las frases o miembros enteros, sino sobre las palabras, es fastidiosa si es uniforme, y violenta si es dilatada...*Los antítesis,* a más de la contraposición mecánica de las palabras, deben ser cortos y sentenciosos para adquirir aquel aire de naturalidad siempre enemigo de la continua disonancia nominal, o mejor sonsonete pueril. Deben más bien estribar sobre los pensamientos, que jugar sobre la oposición de los términos.

Algunas veces da mucha gracia a la contrariedad del pensamiento la oposición del atributo con el sujeto. Así dice uno: *La elocuencia arrebata los corazones con suave fuerza y delicada violencia;* como si dijese: con una suavidad, que hace lo que la *fuerza, y* una *delicadeza,* que hace lo que la violencia: también diremos: *Los malos autores son los que ostentan una estéril abundancia;* esto es, una abundancia vacía de cosas, aunque llena de palabras.

También cometen algunos la *antítesis* por la conjunción de dos contrariedades en una misma frase; como ésta: *¿Pueden por ventura buscar la paz en la guerra los que desean siempre la guerra en la paz?*

Pero de cualquier manera que se use esta casta de contrastes, nunca darán fuerza ni nobleza a la expresión. Además este estilo no es natural, porque la naturaleza, que produce las cosas con desorden, no afecta un contraste continuo ni arreglado; tampoco pone todos los cuerpos en movimiento, y menos en un movimiento forzado.

Usa de las partes más principales de la oratoria, y la más difícil es ocultar el arte. ¿Pues hay casa que más lo descubra que el contraste continuo de las palabras? La contraposición más natural y agradable es la del sentimiento, la de las imágenes, y situaciones. Este contraste es uno de los caracteres más brillantes del ingenio: es en fin el arte de imprimir en el alma sensaciones extremas y contrarias, excitando una conmoción mezclada, ya de pena y placer, ya de amarguras y dulzura, ya en fin de gozo y horror.

Véase como espira un *fanático* e intrépido escandinavo en el calor de la batalla: Yo muero, y siento en morir una profunda dulzura. Dos ninfas divinas me levantan, y me presentan una deliciosa bebida en el cráneo sangriento de mi enemigo.

Oigamos como habla Marco Antonio al pueblo romano a vista del cadáver de César recién muerto: *Oh! Espectáculo funesto! ¡Veis aquí lo que nos resta del mayor de los hombre! ¡Mirad a este Dios vengador, que idolatrabais, y a quien adoraban postrados sus mismos asesinos! ¡Veis aquí el que habiendo sido vuestro apoyo en la guerra y en la paz, el honor de la naturaleza, y la gloria de Roma, una hora antes hacía temblar toda la tierra!*

Así pinta un escritor el suplicio de Foción por los Atenienses: *Vieras luego a este héroe, que marchaba a la prisión para oír su última sentencia, con el mismo semblante que cuando salía entre las aclamaciones del pueblo a tomar el mando del ejército o volvía triunfante de vencer sus enemigos: toma en fin el veneno con serenidad; bendice al que le presenta la copa; y volviendo los ojos hacia su hija, con una débil y moribunda voz, le dice: No te acuerdes de esta injuria sino para perdonarla.*

En un paisaje de *Pousin* se ven unas pastorcillas bailando al son de una gaytilla, y un poco desviado un sepulcro con esta inscripción: *Yo vivía también en la deliciosa Arcadia.* El prestigio del estilo de que tratamos consiste algunas veces en una palabra que aparta nuestra vista del objeto principal, y muestra de lado el espacio, el tiempo, la vida, la muerte, o alguna otra idea grande o melancólica, que corta las imágenes alegres.

Admiremos, dice un autor, la *extensión de los conocimientos humanos desde la astronomía hasta la insectología; admiremos las obras de la mano del hombre desde el navío hasta el alfiler.* ¡Qué grandeza en las distancias!

Véase como Cicerón realza la injuria de Verres Pretor de Sicilia, hecha a los derechos del ciudadano Romano, cuando condenó a Gabio al suplicio de cruz, propio de los esclavos, con la malicia de mudar el lugar del patíbulo transfiriéndole, a un sitio que da vista al estrecho de Mesina. *Tú te jactaste delante de todo el pueblo de que colocabas el patíbulo en aquel lugar para que un hombre, que se llamaba ciudadano Romano, pudiese ver desde lo alto de la cruz la Italia y su propio domicilio... Tú escogiste esta vista de la Italia, para que muriendo entre las agonías del suplicio, tuviese también en el dolor de ver que sólo había el corto espacio del estrecho entre los horrores de la servidumbre y las dulzuras de la libertad.*

Otro contraste de situaciones tiernas pone un elocuente escritor, cuando hablando de la fortaleza, nos dice: *En la adversidad y humillación verás brillar la fortaleza: me parece que veo a Sócrates bebiendo el veneno, a Fabricio sufriendo su pobreza, a Scipión muriendo en el destierro, a Epitecto escribiendo entre cadenas, y a Séneca mirando con tranquilidad sus venas abiertas.*

¡Qué poder no tienen los gestos y las actitudes! ¿A la vista de un cuadro no nos alegramos, entristecemos, enternecemos, horrorizamos? Figurémonos pintado el pasaje de la Iliada, en que Homero nos representa a Júpiter sentado en la cumbre del Ida, y al pie de este monte a los Troyanos y Griegos, que envueltos en las tinieblas, con que aquel Dios cubrió el campo, se matan unos a otros en el calor del combate sin que los mire; antes con el rostro sereno tiene la vista vuelta hacia las inocentes campiñas de los Etíopes que se sustentan de leche. ¡Qué contraste tan bello y tan agradable, no de palabras, sino de situaciones! ¿Esta pintura no nos ofrece a un mismo tiempo el espectáculo de la miseria y de la dicha de la turbación y del sosiego, del crímen y de la inocencia, de la fatalidad de los mortales[1], y de la grandeza de los Dioses?

Paradiástole

La *paradiástole, o separación,* llamada así porque separa las cosas que parecen unidas, saca la contrariedad de aquellas palabras cuyo sentido nos parece semejante; pero esta *figura* las contrapone por una inmediata modificación o gradación que las distingue realmente; como aquello: *fue constante sin tenacidad, humilde sin bajeza, intrépido sin temeridad.*

Disparidad

Aquí entra por contrario la disparidad en las sentencias, como aquello: *el que fue cobarde para vengar su propio honor, ¿cómo tendrá valor para defender al amigo? El que no supo ser humilde cuando la fortuna le castiga, ¿cómo lo será en medio del poder y la riqueza?*

Reflexión

La reflexión o conmutación es una contrariedad del pensamiento por una inversión del último con el primero; como cuando se dice: *debemos comer para vivir; no vivir para comer.* Dice otro: un *héroe es hombre fuerte; mas todo hombre fuerte no es héroe.*

Endíasis

La *endíasis es la* contraposición de dos expresiones, que por la incongruencia de su propiedad, se excluyen una a otra: pero después de unidas con cierto enlace artificioso, se ajustan y conforman en el pensamiento común; como es esto: *Con las letras peleamos, y con las armas enseñamos que los Reyes son sagrados sobre la tierra.*

Cométese también esta *figura* cuando del atributo precedente formamos el sustantivo siguiente; por ejemplo: *Las órdenes Militares hicieron religioso al valor, y valerosa la religión.*

Esta figura peca en pueril, porque casi siempre descubre alguna afectación.

Paradoja

Como el orador habla para hacerse inteligible a todos, debe evitar estos monstruosos pensamientos de una verdad apretada de dificultades, donde se ponen la repugnancia o imposibilidad de una proposición que se contradice así misma.

Los espíritus acostumbrados a lo maravilloso llaman sutileza a todo lo que arguye grande esfuerzo y violencia. Un escritor puede hacer brillar estas fanfarronadas del ingenio en una epigrama, donde casi siempre se perdona, digámoslo así, la nada que dice, por el modo con que la dice.

Véase lo que escribe un poeta ingenioso: *Mi vida vive muriendo: si viviese moriría, porque muriendo saldría del mal que siente viviendo.* Pero en la verdadera oratoria es el discurso el que nos habla, no su autor.

Por último, como por medio de esta figura se afirman y niegan de una misma cosa los dos contrarios, los retóricos conocieron muy bien su naturaleza, cuando la llamaron: un rasgo delicadamente loco, que mezcla con la razón cierto aire de absurdo.

Hay con todo ciertos rasgos mas ingenjosos que sólidos, capaces de picar la curiosidad, pon el esfuerzo que el entendimiento del oyente hace cuando a las ideas que por su sentido general y absoluto se excluían, aplica una acepción alusiva y apropiada a las circunstancias de las cosas. Hablando de las costumbres de República de Esparta, donde las leyes parece que refundieron a los hombres, dice un historiador: *Allí había ambición sin esperanza de mejor fortuna; había sentimientos naturales, y no había marido, hijo, ni padre.* Aquí el contraste juega sobre una oposición de ideas, y no sobre una vana y simétrica disonancia de palabras.

Finalmente sobre la naturaleza y efectos de las figuras de contrariedad podemos decir, que dos cosas en oposición se realzan la una a la otra: así cuando un hombre pequeño se pone al lado de otro grande, ambos al parecer aumentan lo que son.

No hay duda que el alma se sorprende de no poder conciliar lo que ve con lo que ha visto: pero también esta especie de pasmo y admiración forman el placer que encontramos en todas las hermosuras de oposición. Lucio Floro, hablando de los Samnitas, con las mismas palabras que describen la destrucción de estos pueblos, hace ver la grandeza de su valor y obstinación, cuando dice: *sus ciudades fueron de tal modo destruidas, que es difícil mostrar hoy el sitio de lo que fue materia de veinte y cuatro triunfos.*

Dubitación

La *dubitación* se comete cuando por la gravedad, oscuridad, o complicación del asunto dudamos, vacilamos, o por decirlo así, titubeamos, ya preguntando, ya refutando sobre la preferencia de dos o más cosas que se deben seguir o proponer.

Cicerón nos da bastantes ejemplos en sus oraciones, como en aquella donde dice: *¿Qué debo hacer, Jueces? Si callo, me confirmaréis reo; si hablo, me reputaréis mentiroso.* En la oración por Roscio Amerino dice: *¿Qué eximinaré primero? o de dónde partiré? ¿Qué auxilio he de pedir? o de quiénes puedo esperarlo? ¡De los Dioses inmortales, o del pueblo*

Romano, ¿Imploraré vuestra fe vosotros, que tenéis, la suprema autoridad?

Suspensión

La suspensión, o sustentación se comete cuando mantenemos suspensos algún tiempo los ánimos de los oyentes sin declararles nuestro último pensamiento, que siempre debe ser inesperado, hasta después de haberles tenido en una atenta expectación, y estimulándoles los deseos de satisfacer o aquietar sus juicios. Pues acercándoles siempre el objeto que excita su curiosidad, se les aleja en algún modo para moverla con más viveza, hasta que cayendo instantáneamente el velo, sale el personaje siempre diferente del imaginado.

Esta disposición del alma, que la impele siempre a diversos objetos, la hace gustar de todos los placeres que nacen de la sorpresa: sentimiento que deleita no menos por el espectáculo que por la prontitud de la acción; pues el alma ve una cosa que no esperaba, o de un modo que tampoco esperaba.

Una cosa podrá suspendernos, o por maravillosa, o por nueva, o por impensada; y en este último caso el sentimiento principal se une con el accesorio que resulta de la inespectación de la misma cosa. Así es menester que el pensamiento se vaya desenvolviendo por sus grados, hasta que después de cierta impaciencia del oyente se descorra el velo.

La sorpresa en fin puede ser producida por la misma cosa, o por el modo de presentarla; pues la vemos más grande o más pequeñas de lo que es en realidad, o diferente; también la vemos con la idea accesoria, ya de la dificultad de haberla hecho, ya del tiempo o modo con que se ha hecho, ya de cualquiera otra circunstancia.

Suetonio nos describe los crímenes de Nerón con tal frescura y sequedad, que nos indigna, haciéndonos creer que no siente el horror de su pintura; pero repentinamente muda de tono, y dice: *El universo habiendo sufrido a este monstruo catorce años, al fin lo abandonó.* Esta cláusula produce en el oyente diferentes especies de sorpresa; ya por la súbita mutación de estilo del autor; ya por el descubrimiento de su diferente modo de pensar, ya por el efecto de expresar en tan pocas palabras una de las mayores revoluciones de los anales del mundo. Pues ¿cómo no se movera y deleitará la imaginación recibiendo un número tan grande de sensaciones nuevas?

Un célebre orador, hablando de la Reina Enriqueta de Inglaterra, proscrita y fugitiva, dice: *En sus últimos años daba humildes gracias a Dios por dos grandes favores; el uno por haberla hecho Cristiana; el otro... Señores, ¿qué esperáis? Acaso por haber restablecido los negocios del Rey su hijo? No; por haberla hecho Reina desgraciada.* Un éxito tan inopinado no puede dejar de sobrecoger el ánimo.

Un elocuente escritor nos demuestra el origen de la esclavitud personal de los hombres, manteniéndonos en una suspensión, sostenida hasta el fin con más vivo interés, y nos dice: *¿Cómo ha sido posible, que entre unos entes tan perfectamente semejantes, ora sea en la forma, ora en las necesidades, y en la inteligencia, el uno fuese amo y el otro esclavo? Esta monstruosidad, que degrada a la especie humana, me horroriza: si buscamos su principio, no hallaré cual fue el hombre que empezase a declarar a otro esclavo suyo, ¿Empezó este abuso por los delincuentes? No, sin duda.* (y el autor da sus razones*) ¿Empezaría por los locos, quiera decir, por estos hombres destituidos de inteligencia y de razón? Tampoco* (y prosigue el autor probándolo) *¿Sería por fin la guerra, o aquel atroz derecho de la muerte? ¿La espada levantada sobre el cuello del vencido? ¿Aquello: yo he pedido quitarlo la vida, o entregarle a la ferocidad de la victoria, no obstante la dejo vivir, le cargo de cadenas; luego es mío? Mucho menos.* (y lo prueba el autor) *¿Lo diré en fin? ¿Acabaré mis reflexiones sobre este derecho tan indecoroso a la humanidad? El orgullo, separando las costumbres primitivas y sencillas, separó las afecciones; que fue lo mismo que corromper las costumbres, alterando luego las ideas, y después las palabras. El señor se volvió bárbaro, y el esclavo vil: y la civilización que debió unir estos individuos, mas los dividió: así vemos al esclavo bestia de carga en Tartária, y eunuco en Constantinopla.*

Gradación

La *gradación* no sólo es figura de dicción, cuando el encadenamiento progresivo está en las palabras, sino que aquí la consideramos como *figura de sentencia,* cuando la frase o pensamiento que sigue da incremento a la precedente, añadiendo mayor fuerza y viveza a la expresión.

La fuerza que en sí trae esta *figura* es excelente para grabar una verdad sin violencia ni estrépito, y pintar en pocas palabras todo el retrato de una persona, de las revoluciones de un estado, o de la grandeza de un acontecimiento.

Véase lo que dice Cicerón contra Verres: *Atentado es maniatar un ciudadano, es una maldad azotarle, y casi un parricidio darle muerte: ¿que diremos de clavarle en una cruz?*

Hablando un orador de la muerte del célebre General de Francia Mauricio de Sajonia, dice: *Su muerte fue una calamidad para la Francia, una época para la Europa, y una pérdida para el género humano.*

Otro, pintando los pasos con que se introdujo la corrupción política en los estados, dice: *Las sociedades en su nacimiento reconocieron desde luego caudillos, laboriosos al principio por necesidad, ricos después con el trabajo, corrompidos en fin con la abundancia.*

Un célebre historiador habla así de los primeros descubridores del nuevo Mundo: *Estos Europeos intrépidos despreciaron los riesgos, rompieron los obstáculos, y vencieron la naturaleza.* El mismo en otra parte, para pintar todas las revoluciones del Imperio Romano desde Diocleciano hasta Augusto, dice: *El Imperio de Roma se desmiembra, se divide, se deshace, bambonea y cae.*

Otro elocuente escritor, con la fuerza de una progresión rápida de imágenes cortas y en movimiento, nos pone a la vista la acción del asesinato de un Déspota de Oriente: *El esclavo asalta el trono: con un puñal y un instante lo derriba al tirano: éste cae, rueda, y viene a espirar a sus pies.* Aquí se ve que la energía casi es inseparable de la concisión.

Hay otra gradación, que sólo está en el pensamiento, no por las ideas que despierta las palabras, pues éstas no tienen entre sí un sentido incremental, sino por el lugar que estas mismas palabras reciben del arte cuando las pone en una especie de progresión relativa Así dice un escritor: *Newton, este Newton, el inmortal Newton hubo de confesar la ignorancia del hombre.*

La palabra *Newton* repetida cien veces no adquiriría mayor valor; pero repetida en cierto lugar, y de cierta manera, realza la opinión de la persona que representa. El pronombre *éste* saca su fuerza no de sí mismo, sino el lugar que ocupa, pues engrandece la idea simple que llevamos formada por la primera palabra Newton: el atributo inmortal levanta mas esta misma idea ya grande por la posición relativa de aquellas dos palabras. Múdese la *coordinación de* la frase, y desaparecerá la gradación que hace toda su fuerza.

Otro historiador hablando del respeto que causó a las Potencias de Europa Enrique IV, de Francia, cuando quedó pacífico poseedor de la Corona, dice: *Un hombre puesto en su lugar, Rey, un Enrique se presenta, y todos callan.* Aquí las palabras, *hombre, Rey, Enrique,* consideradas por sí solas, no encierran ningún incremento; pero en la gradación que siguen, la segunda realza la primera, y la tercera a la segunda por una idea enfática que incluye aquella correlación de atributos de un mismo sujeto, que al parecer no guardan su orden natural; y es como si dijéramos: *Un hombre que había nacido para Rey; un Rey que sabía serlo, y más que todo el mérito personal de Enrique: esto fue lo que puso en silencio a toda la Europa.*

Comunicación

Esta *figura* se comete cuando el orador consulta a sus oyentes, amigos, contrarios, o jueces sobre lo que debe deliberar, pero siempre en asuntos arduos e importantes.

Así dice Cicerón contra Verres: *Aquí pido, Jueces, vuestro consejo para que me digáis lo que debo hacer: mas el mismo silencio que guardáis, me está diciendo, que no será otro vuestro consejo que el que podría darme la necesidad.*

El mismo Cicerón en la oración a favor de Quincio, dice: *Espero, Jueces, vuestro dictamen.... En fin ¿qué podríais ver en este asunto? A la verdad, siendo vuestra bondad y prudencia tan notorias, casi adivinaría vuestra respuesta a mi consulta.*

Descripción

Esta figura, que es un retrato o pintura retórica, representa los hechos de que hablamos, como si actualmente pasaran delante de nosotros; y haciendo ver en algún modo lo que se refiere se viene a dar el mismo original por la copia.

Es muy propia para grandes movimientos, y sobre todo para el idioma de las pasiones; porque estas ponen el objeto presente al que lo ama, aborrece, teme, o desea: y copiando su expresión, esta pintura la transmite al alma de los oyentes con la misma moción de que el orador está agitado.

Esta figura posee toda la belleza de la energía, la cual no tanto consiste en ciertos términos muy expresivos, cuanto en las palabras y rasgos que dan alma, vida y movimiento a las cosas que por sí no lo tienen; bien que esto no se puede conseguir sin el colorido de las metáforas o imágenes. La sagrada Escritura nos suministra una infinidad de ideas y expresiones admirablemente enérgicas; como cuando da a los vientos alas y manos a los ríos para aplaudir la venida del SEÑOR: cuando personifica la misericordia, la ira, la verdad, la justicia; o bien cuando hace hablar los rayos y los truenos en el libro enérgico de Job.

Sea ejemplo de una descripción metafórica, el rompimiento de la guerra entre dos naciones: *Véanse estas dos naciones abandonadas de la amistad: la paz, arrojada por la discordia del centro de sus opulentas ciudades, desampara a sus perversos hijos, y huye a buscar asilo en las cuevas silvestres de las fieras. Armada del yelmo y lanza, y con el furor en los ojos, viene corriendo Belona. A su aspecto todo se hiela, o inflama; y el trueno sepultado entre la pólvora de los arsenales se agita, y lúgubremente ronca: había, y al momento el viejo trémulo y decrépito ciñe la espada al único objeto de sus esperanzas; había, y la mano que ayer cultivaba el olivo, hoy empuña un acero homicida, y va a sembrar por todas partes el horror y la consternación; habla, y las artes llorosas abandonan sus oficinas, y van a trasplantar a otros climas más tranquilos la gloria, la felicidad, y la abundancia.*

Esta *figura* adquiere más fuerza cuando ponemos todos los verbos en el tiempo presente, como en el ejemplo citado y en el que sigue; porque entonces parece que la acción y la cosa pasan actualmente delante de nosotros.

Pinta un autor la toma y saqueo feroz de una ciudad con una descripción, no metafórica, sino enérgica por la propiedad de los términos, y elección de casos y situaciones. *Abre la ciudad las puertas, y al instante vieras arder las casas y los templos; oirás el estrépito de los edificios que se desploman, y un clamor universal de los ayes de sus moradores. Por acá huyen unos titubeando; allá otros se dan los últimos abrazos; vieras llorar los niños, gritar las madres, gemir los viejos que tuvieron la desgracia de vivir hasta este día; vieras saquear las casas y lugares sagrados; hallarás las plazas llenas de despojos y cadáveres; aquí un ciudadano cargado de cadenas marcha delante del vencedor; allí una madre desesperada lucha para arrancar a su hijo de entre las manos del brutal soldado.*

Un célebre orador en elogio de un Príncipe nos describe y pinta los efectos de la batalla de Fontenoy y la vista del campo, no la acción del combate, como en la descripción antecedente. *¡Oh jornada de Fontenoy! Día de nuestra grandeza! La Francia venció a vista de su Soberano, y tres naciones huyeron. Los destrozos de quince mil hombres estaban esparcidos por aquella llanura, y reinaba un silencio medroso en el campo de batalla. Se veían muertos amontonados sobre muertos, vencedores sacrificados encima de los vencidos guerreros mutilados, hombres moribundos, y otros aún más infelices por no poder morir; y entre profundos gemidos y gritos agudos, la sangre, el horror, todas las heridas, todo género de muertes.*

Estas especies de descripciones circunstanciadas son precisas en aquellas pinturas en que se representan muchos personajes; cuyas actitudes se imprimen y ocupan la atención. Por tanto, en ésta como en otras cosas conviene consultar la naturaleza, estudiarla, y tomarla por maestra; de modo que cada uno en sí mismo la verdad de lo que se dice, y halle en su propio interior los afectos que expresa el discurso. Así es menester representar con tanta fuerza de imaginación todas las circunstancias del suceso, o partes del objeto que vamos a describir, como si fuesemos sus espectadores nosotros mismos.

Pero en este género el orador sólo debe, decir lo necesario, huyendo de la enorme profusión de aquel poeta que emplea cien versos para describir una tormenta. ¿Qué diríamos de aquel que para pintar un jardín describiera cada flor en particular?

Para que todas las descripciones no sean melancólicas, pondremos aquí una *risueña* pintura de la ciudad de Cnido: La *ciudad está situada en un valle, sobre el cual los Dioses han derramado a manos llenas sus beneficios; donde se goza de una eterna primavera, y no se respira el aire sin respirar el deleite. La tierra afortunadamente fértil se anticipa a todos los deseos; los árboles se doblan con el peso de la abundancia; los vientos soplan en aquel sitio sólo para derramar el espíritu de rosas y jazmines; y las aves cantan sin cesar de modo que los mismos bosques te parecerían armoniosos: los arroyos van murmurando por la llanura; un suavísimo calor hace abrir todas las flores, y los jardines parecen encantados; Flora y Pomona los tienen a su cargo; sus Ninfas los cultivan, los frutos renacen bajo la mano que los coje, y las flores suceden a los frutos.*

Léase esta noble y brillante pintura del hombre cultivando las artes. *Veamos al hombre sometiendo a su voz la misma naturaleza: ya de una pincelada muda un lienzo ingrato en una perspectiva encantadora; ya con el cincel o buril en la mano anima al mármol, y hace respirar el bronce; ya con el plomo y la escuadra levanta palacios a los Reyes, y templos a la Divinidad. Por otra parte, la tierra fertiliza. da por su mano laboriosa, lo vuelve liberalmente su sustancia; la oveja le tributa todos los años su rico vellón, y el gusano de seda para vestirle hila su preciosa trama. El metal se amolda, y la piedra se ablanda entre sus dedos; el corpulento cedro y la robusta encina caen a sus pies, y toman una nueva forma. En fin el hombre por los progresos de la navegación establece como unos puentes de comunicación entre los dos hemisferios, y juntando ambos continentes, logra pasar de un polo al otro de la tierra.*

Aquí pertenece el estilo pintoresco; porque como las imágenes son la parte mas viva de las descripciones, el que sabe usar de estos rasgos cortos y vivos, hiere la imaginación y con ésta a todos los sentidos. Las *imágenes* son otras tantas pinceladas valientes y pasajeras que dan a la imaginación todo el encanto del colorido: en esto se distinguen de las pinturas, que son verdaderos retratos fijos para ser contemplados despacio y parte por parte. La pintura es un plan previsto y detallado; la imagen es siempre fuerte y simple: así este género de descripciones son breves y vivas. Cicerón nos explica en dos líneas la cólera de Verres: *Encendido de crímenes y de furor se presenta en la plaza: ardían sus ojos, y la cólera estaba pintada en su rostro.* Otro describe en cuatro palabras la muerte de un amigo: *Hiélase su trémula lengua suspira, me tiende el brazo, cierra el ojo y muere.*

Cornelio Tácito pinta con igual energía y viveza de colores la crueldad de Domiciano mirando los mismos suplicios que mandaba ejecutar:: *Nerón a lo menos, ordenaba las atrocidades, y apartaba la vista; pero la presencia de Domiciano aún es más cruel para los reos que los suplicios: se cuentan y apuntan hasta nuestros suspiros, y el rostro del tirano enardecido, no de vergüenza, sino del horror de su delito, hace más visible la palidez de los moribundos.*

Distribución

La *distribución* es aquella división o subdivisión del asunto cuándo se distribuye en todas sus partes, y se presenta por todos los lados precisos para comentar unas proposición, esclarecer más la materia, y satisfacer sin trabajo la atención del oyente. De este modo distribuye un orador su proposición breve y general en las principales partes que encierra, cuando dice: *Los hombres han abusado de todo: de los vegetales para sacar los venenos; del hierro para asesinarse; del oro para comprar las iniquidades; de las artes para multiplicar los medios de su destrucción; y de la brújula para ir a esclavizar sus semejantes.*

Para mayor claridad de todas las especies de distribución, veamos como la desempeña un elocuente escritor: *Dícese que Sócrates inventó la moral; más otros antes que él la habían puesto en práctica: Arístides fue justo antes que Sócrates hubiese definido la justicia: Leónidas había muerto por su patria antes que Sócrates hubiese prescrito el patriotismo: Esparta era sobria antes que Sócrates hubiese hecho el elogio de la sobriedad; la Grecia abundaba en varones virtuosos antes que Sócrates hubiese dicho en qué consistía la virtud.*

En alabanza de un gran Canciller de Francia dice un orador así: *Todos los que mueren son honrados con lágrimas: el amigo con las del amigo; el esposo con las de la esposa; el hijo es llorado por su padre; y el hombre grande por el género humano.*

Brevedad

Esta *figura* es aquella rigurosa concisión con que ponemos una sucesión de hechos, o un plan de varias cosas haciéndolas pasar con rapidez delante de los ojos. Aquí se suprimen todas las partículas, y hasta las palabras que no son absolutamente necesarias para representar la idea principal. Esta *figura* es excelente para la narración simple y precisa.

Un político refiere brevemente las últimas acciones de la vida de Bruto, cuando dice: *Bruto quiere libertar a Roma de la tiranía: asesina a César, levanta un ejército, ataca, combate a Octavio y se mata.*

Será segundo ejemplo esta breve narración de las revoluciones políticas del Egipto. *Fue este Egipto la primera escuela del universo, madre de la filosofía y de las artes, conquista de Cambises y de los Griegos, triunfo de los Romanos, despojo de los Árabes, y presa de los Turcos.*

Diálogo

Esta figura, llamada *sermocinacio*, es propiamente un discurso dramático, en que introducimos dos o más personas comunicándose entre sí sus pensamientos, o dirigiendo sus sentimientos y votos, ya a una de ellas o a los espectadores, ya al cielo, a la naturaleza, etc.

Por medio de estos interlocutores el orador tiene más libertad para referir un hecho, reprehender el vicio, celebrar la virtud, y dar un colorido tanto más vivo al discurso, cuanto aquí se presenta de más cerca la naturaleza.

Oigamos aquel coloquio entre las madres de los inocentes y los soldados de Herodes. *Clama una: ¿Por qué, compañera, me dejas desamparada? Ven, dice la otra, vamos a morir también con nuestros hijos. A los niños, responden los verdugos, no a vosotras buscamos. Qué! exclaman las madres, los niños todavía inocentes han pecado?*

Un elocuente escritor nos inspira de esta suerte el amor de la patria*: La patria pregunta a cada ciudadano, ¿qué harás tú por mí? El soldado responde, yo te daré mi sangre: el Magistrado, yo defenderé tus leyes: el Sacerdote, yo velaré sobre tus altares: el pueblo numeroso desde los campos y talleres grita, yo me dedico a tus necesidades, te doy mis brazos;*

el sabio dice, yo consagro mi vida a la verdad, y tengo valor para decírtela.

Cierto orador en el elogio fúnebre de uno de los dos primeros Magistrados del Reino, dice: *El vicio decía a sus hijos: hijo mío, el hombre justo ha muerto; el flaco y el infeliz exclamaban, ha caído nuestro apoyo.*

Sentencia

Es una máxima general que no tiene lugar fijo en el discurso: las *sentencias* instruyen por su naturaleza; y para que agraden deben ser felizmente expresadas, oportunamente colocadas, y muy interesantes o nuevas.

Dice un sabio escritor: *En el rico, y en el poderoso no hay otra cosa envidiable sino el privilegio que tienen de disminuir los males de la sierra.* En otra parte dice otro: *Uno de los artes más importantes y difíciles es olvidar el mal que se ha aprendido.* En estos dos pensamientos nada hay trivial, nada falso: defecto muy común a los escritores sentenciosos. Cuando la idea fundamental de la *sentencia es* conocida y vulgarizada, y la materia pide su aplicación, el orador ya que no inventa la cosa, debe inventar la frase para que de esta suerte parezca nuevo el pensamiento.

Aunque las *sentencias* adornen muchas veces el discurso, y se adapten muy bien a los escritos morales y panegíricos, suelen tener el inconveniente de cortar su enlace descosiendo, digámoslo así, el estilo. Por esto los oradores elocuentes las usan pocas veces en su forma propia y natural, que ordinariamente es fría, y por lo mismo incompatible con el lenguaje del sentimiento.

El escritor que junta la elocuencia con el gusto y la filosofía, distingue el estilo sentencioso, que enseña y encanta, del discurso tejido de sentencias, que documentan y cansan.

A mas de que la sequedad y el orden didáctico de las *sentencias* juntas destruyen la redondez y elegancia oratorias, es necesario saber discernir lo natural de lo forzado, lo verdadero de lo falso, lo sólido de lo pueril, los pensamientos sustanciosos de los juegos nominales.

El modo delicado de ser sentencioso sin decir sentencias, y de enseñar sin dogmatizar consiste en saberlas mezclar o incorporar en el raciocinio de la proposición o narración particular; de modo que se les haga perder la generalidad sin alterarles su sustancia. Antes bien fundidas en el discurso hacen vivo el estilo sin volverlo uniforme. Entonces al oyente no le prescriben máximas estériles y vagas especulaciones, sino la práctica de ellas en personas y sucesos que le presentan una lección experimental.

Un escritor en elogio de un sabio profesor, dice: *Nuestro Doctor obtuvo una cátedra de jurisprudencia, cuyo cargo desempeñó como hombre que no lo había solicitado.* Podía haber dicho secamente y con magisterio: *El que solicita un empleo no lo sabe desempeñar.* De otro dice: *Fue muy poderoso para que no fuese adulado y aborrecido.* Podía haber dicho en su forma natural esta máxima: *El poder en los hombres los atrae la adulación y el odio.*

Hablando de otro sabio escribe un orador: *La fortuna le había concedido una nueva ventaja para ser grande hombre, pues lo había hecho nacer pobre.* En este ejemplo y oración está fundada esta sentencia: *La pobreza hace grandes a muchos hombres.*

Pintando a un gran Magistrado en la vida pública y privada, dice otro en su elogio: *Daguessau aceptó los honores como ciudadano, los mantuvo como sabio, y los dejó como héroe.* Aquí están incorporadas estas máximas: *el ciudadano debe servir a la patria: el sabio no se envanece con los honores, y el héroe huye de ellos.* Hablando de Sully, que abandona la Corte en medio de los desórdenes del Reino, dice: *No pudiendo impedir más tiempo el mal, no le queda otra gloria que la de no ser su cómplice.*

Epifonema

Esta *figura* llamada *aclamatio* en latín, es una especie de corolario, o deducción sentenciosa que sacamos de la proposición antecedente: en fin viene a ser un epílogo que reduce a una *sentencia* breve la ilación de la materia que se trata.

Podemos mirarla como fruto de la reflexión; pues pide un delicado pulso, y conocimiento del orden físico y moral de las cosas, para saber juntar en una consideración grave y admirativa todo el espíritu de una serie de pasajes extensamente referidos.

La aclamación se distingue de *la sentencia* pura, en cuanto ésta es un documento directo independiente de otra proposición, y como tal no tiene lugar señalado en el discurso; y la otra es una máxima que cierra la oración o el periodo de donde se saca, y a cuyo texto se aplica, por modo de confirmación, reflexión, admiración, etc.

Un sabio historiador dice: *Algunos salvajes matan los huerfanillos para que no perezcan de hambre y de miseria: tanto pierde el hombre por no estar civilizado.*

Otro escritor político, haciendo el elogio de Augusto, dice: *Todo el universo sojuzgado no contribuyó tanto a su gloria, y seguridad de su vida, como el perdón de Cinna, y la equidad de sus leyes: ¡cuán preferibles son en el héroe las virtudes sociales al valor!*

Tácito nos dice: Se *asegura que Tiberio siempre que salía del Senado exclamaba. Oh! hombres hechos para la esclavitud! El mismo enemigo de la libertad se cansaba de una paciencia y servidumbre tan bajas.*

Un célebre orador, hablando del Duque de Sully, perseguido y después desterrado por sus émulos, dice: *En fin sus ojos se cansan de ver tantos males; renuncia sus empleos, abandona para siempre la Corte retirándose a sus estados; sale de París, y lo escoltan más de 300 caballeros: éste es el triunfo de la virtud que parte para el destierro.*

Siempre que no hay novedad, interés, o grandeza en estas sentencias ilativas, cansan la atención del lector, y quitan la gracia al discurso. Pues las sentencias vagas, triviales, oscuras o frías son propias de cualquier pedante moralizador, que quiere hacer reflexiones sobre todo.

Interrogación

La *interrogación* de que tratamos, no es una pregunta dirigida a cierta persona para que fije nuestra indeterminación; sino la que se dirige a la consideración de los oyentes o lectores, la que habla a su alma, agita sus pasiones, no para arrancarles la respuestas sino el consentimiento o la admiración.

Esta *figura* encierra una especie de convencimiento disimulado con la pregunta, que no suponiendo respuesta contraria al modo afirmativo con que el orador propone su pensamiento, no es mas que una llamada que despierta la atención a fin de hacer la prueba más fuerte, y más generalmente recibida.

Viene a ser la *interrogación* la que confirma y sella el pensamiento, o todo el discurso: Por esto se debe solamente emplear en aquellas cosas tan claras, tan probadas, o tan probables, que no supongan disentimiento, repugnancia, ni casi duda en el oyente; antes en algún modo la interrogación le presume inclinado a seguir la proposición del orador. Y como en esto se lisonjea la vanidad, el gusto, o la buena opinión que el oyente tiene de la rectitud de su juicio, o sensibilidad de su alma, siempre sale victoriosa esta *figura*, que por otra parte da fuerza, viveza, y calor al discurso.

En la creación del mundo un naturalista elocuente pide nuestra admiración de esta manera:*¿Qué inteligencia sondeará las profundidades de este abismo? ¿Qué pensamiento nos representará el poder que llama las cosas* *que no son como si fuesen? ¿Admiraremos bastantemente a un Dios, que quiere que la luz sea, y la luz es?*

Después de haber sostenido un orador, que la palma heroica más pertenece a los hombres pacíficos que a los guerreros, lo confirma con ejemplos fortificados con la interrogación. *¿Qué diremos*, sigue, *de aquellos grandes hombres, que por no haber manchado sus manos en la sangre de sus semejantes, se han con más razón inmortalizado? ¿Qué diremos del Legislador de Esparta, que después de haber disfrutado del placer de reinar, tuvo valor de volver el cetro al legítimo heredero, que no se lo pedía? ¿Qué diremos del Legislador de Atenas, que supo guardar su libertad y su virtud en la Corte misma de los tiranos, y sostuvo a la cara del más opulento que el poder y las riquezas no hacen al hombre feliz.? ¿Qué diremos del mayor de los Romanos, de aquel modelo de Ciudadanos virtuosos? Haremos afrenta al heroísmo, negándole este título a Catón?*

Un elocuente escritor después de haber referido los desórdenes y males de las guerras civiles de Roma, dice: *¿Cuál era la fuerza civil, cuál la ley promulgada, capaz de poner freno a las depredaciones? ¿Qué poder tendría la sanción de la magistratura y de las leyes, donde todas las voluntades conspiraban en menosprecio y detestación del orden? En medio de una ciudad inmensa, depósito de las rapiñas de un Imperio universal, las leyes moderadas del sabio Numa podían recobrar su antiguo vigor? ¿Podían ser de algún uso? ¿Podían prometer algún efecto?*

Cuando se eslabonan dos o tres interrogaciones al fin de la frase, como en el ejemplo último, se redobla la fuerza en confirmación del pensamiento del orador, y la impresión en el alma del oyente, a quien no se le da tiempo de discernir, ni dudar.

Sujeción

Esta *figura* es la misma interrogación acompañada cada vez de una respuesta. En alguna ocasión el orador se pregunta y responde a sí mismo, como cuando Cicerón en la oración por Celio dice: *¿No llamaríamos enemigo de la república al que violase sus leyes? Tú las quebrantaste. ¿Al que menospreciase la autoridad del Senado? Tú la oprimiste. ¿Al que fomentase las sediciones? Tú las excitaste.*

Cierto orador así previene a su auditorio: *¿Sufriré la nota de falso adulador? ¿Celebraré las victorias de este conquistador, y callaré las atrocidades que oscurecieron su gloria? No, señores. ¿Compararía al* *malvado con* un *modelo de virtudes? Mucho menos: todo lo sacrificaré a la verdad.*

Alguna vez pregunta el orador a una persona, y sin aguardar respuesta redobla la interrogación, como hace el mismo Cicerón contra Verres: *¿Con qué convención defiendes a este reo? ¿Haciendo el elogio de la frugalidad, no llamas las iniquidades de la avaricia? ¿Hubo por ventura alguno más perverso, y disoluto? ¿Le pintarás tal vez como un varón fuerte? ¿Pero se encontrará otro más perezoso, o indolente? ¿Celebrarás la docilidad de sus costumbres? ¿Quién más contumaz? ¿Quién más soberbio?*

Otras veces preguntamos a una persona, y la hacemos dar respuesta. Éste es el modo de confutar y probar con más fuerza; porque siempre se ponen en boca del contrario las respuestas que tenemos de antemano destruidas; y como de esta suerte le dejamos su defensa y la libertad de la palabra, y al fin se rinde a nuestras refutaciones, el oyente queda satisfecho, e inclinado sin repugnancia a nuestra causa.

Por medio de la *sujeción* un moderno escritor arguye contra un suicida. *¿Tú quieres abandonar la vida? Sí, me dices, porque te cansa el vivir tanto. Yo quisiera saber si aún has empezado. Qué! fuiste enviado a la tierra para vivir en inacción? Parece que me dices que estás demás, y eres de poca utilidad. ¿Pero el cielo no le impone con la vida algún cargo que cumplir? ¿Qué respuesta, o infeliz! tienes prevenida para el juez supremo cuando te pida cuenta del tiempo? Tú me dices: la vida es un mal: ¿Hallarás en el orden de las cosas un bien que no esté rodeado de males? La vida, repites, es un mal para el hombre de bien siempre perseguido: ¿pero no sabes que tarde o temprano es consolado? y que la virtud no aguarda el premio acá en la tierra?* A este tenor sigue admirablemente las reflexiones.

Anticipación

La *anticipación* se comete cuando el orador, adelantándose a las objeciones del contrario, y allanando la dificultad que el auditorio encuentra, él mismo anticipa los reparos, que luego satisface con las razones que luego expone.

Cicerón en la oración contra Verres se anticipa diciendo: *Si alguno de vosotros, o de los que están aquí presentes acaso se admira de que, habiéndome tantos años ejercitado en los juicios públicos siempre para defender a muchos, y jamás para condenar a alguno, ahora cambiada de repente la voluntad, haya bajado al oficio de acusador; podrá reconocer el motivo de mi nueva determinación y justificar mis sentimientos, creyendo que no puedo en esta causa ser el primer actor.* Después continua dando los motivos de esta novedad.

También se comete esta *figura* por una especie de premonición a los oyentes, para que no les ofenda e indigne la libertad con que se dice la cosa, o bien la grandeza o incredibilidad de esta misma cosa. Un elocuente escritor en honor de Descartes dice: *Todo en este discurso será consagrado a la verdad y a la virtud. Acaso habrá hombres en mi nación que no perdonarán el elogio de un filósofo vivo; mas Descartes murió, y ha ciento y quince años que no existe: yo no temo, pues, ofender el orgullo, ni irritar la envidia.*

Invocación

La *invocación*, conocida bajo el nombre de *apóstrofe*, se comete cuando el orador corta o tuerce el hilo recto del discurso dirigiéndoles a otros objetos, como a Dios, a la naturaleza, a la patria, a los vivos, a los muertos, a los ausentes, y hasta las criaturas inanimadas e insensibles, a fin de arrebatar al oyente, que no puede dejar de tomar partido, mezclando interiormente sus afectos con los del que habla.

Esta figura siempre es fuerte, llena de vehemencia y calor para causar una grande moción. ¿Pues cómo no será terrible y patética la oración en que se llama al cielo, la naturaleza, la tierra, los difuntos a que sean jueces o censores formidables de nuestras acciones?

Cicerón en defensa de Milón hace este patético y magnífico apóstrofe: *A vosotros imploro, esforzadísimos varones aquí presentes, que derramasteis generosamente vuestra sangre por la salud de la República. A vosotros invoco, Centuriones, Legionarios, que arrostrasteis los peligros como hombres y como ciudadanos. Vosotros todos, espectadores, guardias armadas, presidentes de este juicio, ¿sufriréis que se arroje de la ciudad, que se destierre y abandono un hombre virtuoso?*

Un escritor moderno hace el siguiente *apóstrofe* para confundir un Ateísta: *Naturaleza! Madre universal! tu testimonio y socorro imploro: despliega tus tesoros, descubre tus maravillas al incrédulo para que por tus obras tribute al Autor Supremo el debido amor, admiración, y reconocimiento. Tierra que le alimentas, aguas que fertilizáis los campos, aire que le inspiras la vida, huracanes y truenos que purificáis la atmósfera, llenadle de un terror sublime. Flores que esmaltáis los prados, hiervas que le dais la salud, fuentes que parís los ríos, árboles que le defendéis de las injurias del sol, pregonad que un Dios eterno e infinito es su Criador y el vuestro.*

Otro arguyendo contra la tiránica opulencia de los ricos, que no sabiendo contribuir a la felicidad del pueblo rústico, aumentan su miseria, se introduce así: *Acércate, y verás cuantos millares de hombres viven y mueren en la aflicción, en la miseria y desamparo sobre la misma tierra que fertilizan con sus brazos y sudores para mantener la opulencia. Oh! espectros de los pobres, que murieron en la abjección y la amargura, salid cubiertos de horror delante de este recazo cruel y orgulloso! Levantad vuestras manos laboriosas, vengadoras de la humanidad ultrajada, y acusadle a la faz del cielo y de los vivientes de su dureza, e indolencia.*

Un elocuente escritor en elogio de la virtud así invoca a los muertos: *Manes ilustres de los Fabricios y Camilos! imploro vuestro ejemplo. Decidme, ¿con qué arte dichoso hicisteis a Roma señora del mundo, y por tantos siglos floreciente? Glorioso Cincinalo, vuela otra vez triunfante a tus rústicos hogares; seas el modelo de tu patria, y el terror de sus enemigos; guarda para ti la virtud, y deja el oro a los Samnitas.*

Concesión

Es una *figura* con que a los contrarios, a las objeciones presupuestas en los oyentes, o a la opinión común concedemos aquellas conclusiones, reparos, o respuestas, que nunca pueden destruir nuestra causa, si sólo contradecirla, para que de este modo salga siempre triunfante.

Por ejemplo, concederemos al ambicioso que es loable el amor de la gloria; mas no el de la gloria vana y funesta a los hombres. Concederemos al ardiente ciudadano que el amor de la patria es noble; pero que no debe fundarse en el odio de las demás naciones. A otro en fin le concederemos que las riquezas son útiles; mas no cuando son mal empleadas, etc.

Un ingenioso orador, hablando de los bienes y males del oro, quiere conceder los primeros, y probar que son contrapesados por los últimos de esta manera: *El oro, decís vosotros, excita los talentos; lo concedo: ¿mas cuántos corazones corrompe antes? Convengo en que anima la industria; ¿mas esta industria no es el taller del lujo, y éste un contagio que infecta a un Reino? Tampoco niego que el oro ha hecho conocer muchas naciones volviéndolas comunicables; ¿mas cuánta sangre de sus desgraciados naturales se ha derramado para descubrirlas, y quererlas civilizar? ¿Cuántas guerras nuevas han nacido en Europa para conservarlas esclavas o aliadas?*

Por último ejemplo veamos lo que dice un célebre escritor en este pasaje: *Tema demasiado la muerte el impío, el sacrílego, el pecador cargado de delitos; mas no el que ha vivido la vida del justo. Estremézcase de la sombra de la muerte aquel que nunca ha sentido un remordimiento; mas no el que siempre ha llevado una vida de compunción y penitencia. Horrorícese a la vista de la muerte aquel que ha fundado todas sus esperanzas en una vida sensual, frágil, y terrena; no aquel que esperando gozar en la bienaventuranza, sabe que el fin de esta vida es principio de otra mejor.*

Exclamación

La *exclamación* es cierto vuelo que toma el discurso, cuando exalta con más actividad y prontitud los sentimientos de admiración, indignación, odio, gozo, tristeza, compasión, etc. expresando lo grande, lo nuevo, o lo raro de una cosa por medio de la interjección, o sin ella, como se verá en los ejemplos siguientes.

Cicerón termina así la relación que acaba de hacer del suplicio de un ciudadano Romano. *Oh! nombre dulce de libertad! Oh! derecho ilustre de nuestra ciudad! Oh! Leyes Porcia, y Semproniana! Oh! Tribunicia potestad, tantas veces deseada, y en otro tiempo restituida al pueblo Romano!*

Por medio de esta *figura* pueden jugar todos los afectos: así hablando de un rico limosnero, mueve la benevolencia el que dice: *Oh! manos siempre abiertas para dar! Oh! corazón benéfico y compasivo! Oh! caridad inflamada en amor de los hombres!*

Palabras de sobresalto y horror son las del Apocalipsis, cuando el Profeta dice: Ay! Ay1 *¡Babilonia, ciudad grande, poderosa ciudad, tu condenación ha venido en un momento!* Mueve a compasión de un joven condenado injustamente a muerte un escritor, diciendo: *Oh! silencio de la inocencia oprimida! Oh! justo, que ruegas al Cielo por los que te condenan!* De un avaro podemos decir: *Sed execrable del oro! Codicia cruel, y desapiadada!*

Imprecación

La *imprecación* es otra de las figuras vehementes de que usa la oratoria alguna vez, cuando el terror, o el temor ha de dominar los ánimos.

En un libro de los Reyes leemos el siguiente rasgo lleno de horror y energía: *Montes de Gelboé, jamás caigan sobre vosotros ni el rocío, ni la lluvia. Jamás sobre vuestras faldas haya un campo, cuyas primicias se ofrezcan al Señor.*

En boca del afligido Job leemos una imprecación llena de dolor y abatimiento: *Perezca el día en que nací, y la noche en que se dijo: un hombre es concebido.*

Corrección

Es aquella figura por la cual corregimos, o retractamos una proposición con otra siguiente, que la realza, rebaja, suaviza, o cohonesta. Dice Cicerón en la oración de Murena: *Cuando todas estas cosas, ciudadanos; ciudadanos digo, si son dignos de tal título unos hombres que así piensan de su misma patria....*

Dice otro de cierto General: *Intrépido y constante guerrero; no, temerario y obstinado te llamará la posteridad.* Dice en otro paraje: *La codicia y el cebo de la predominación siempre se han disputado el cetro; digamos mejor, el yugo de la sociedad.*

Otro orador en el elogio de Descartes dice: *¿Qué honores le tributaron en vida? Qué estatuas le levantaron los de su patria? Qué hablamos de honores, y de estatuas! Olvidamos que se habla de un grande hombre? Hablemos mas bien de persecuciones, de envidias y calumnias.*

Hay otras castas de *corrección* más ligeras y delicadas, que sirven como de suplemento, o adición al pensamiento general. De Carlomagno dice un político: *Formó admirables leyes; y aún hizo más, las hizo ejecutar.* De otro dice: *Fue protector magnífico de las artes; mas de las artes útiles.*

Licencia

Esta figura se comete cuando el orador, asegurado de su justicia, y del poder de su palabra, se abroga la libertad de proferir con magisterio y sin respetos la verdad o importancia de una cosa, que puede desagradar, u ofender a los oyentes. Desde que los oradores no gobiernan las Repúblicas, hoy esta *figura* sólo tiene ejercicio en el púlpito, donde la santa voz de la verdad truena sin respetos humanos.

De esta suerte dice Cicerón en la Philippica III: *Vosotros, Padres Conscriptos, es cosa dura el pronunciarlo, pero me veo forzado a decirlo; vosotros, digo, disteis la muerte a Servio Sulpicio.*

Otro elocuente escritor en elogio del primer Magistrado de la nación, dice: *El carácter de la verdadera grandeza es la simplicidad: yo me atrevo a decirlo a este siglo fastuoso, porque la voz de una generación que pasa, y que mañana no -será, no debe sofocar la de la verdad que es eterna.*

Preterición

Esta figura es un delicado artificio del orador, por cuyo medio confesando que quiere callar lo que sabe, o que ignora o no quiere decir todo lo que pudiera, dice mucho más de este modo negativo, que ocupa con mayor sagacidad la atención de los oyentes. Véase Cicerón contra Verres, cuando dice: *Nada diré de su lujuria, nada de su insolencia, nada de sus maldades y torpezas; sólo hablaré de sus usuras y concusiones.*

Un escritor moderno, después de haber hablado de Catilina y Cromwel como de unos insignes malvados, dice inmediatamente: *Tampoco pasaré revista de aquellos guerreros funestos, terror y azote del género humano: de aquellos hombres sedientos de sangre y de conquistas, cuyos nombres no puede pronunciar sin horror la posteridad todavía asustada; quiero decir, los Tótilas y los Tamerlanes.*

Un moderno orador en elogio del Padre de la filosofía moderna, dice: *Yo no alabaré a Descartes de haber sido enemigo de la intriga y la ambición; tampoco lo alabaré de haber sido frugal, templado, benéfico, pobre y generoso al mismo tiempo, y sencillo como lo son todos los grandes hombres.*

Reticencia

La *reticencia* se comete cuando el orador, cortando el hilo del discurso, trunca la frase antes de cerrar el sentido de la proposición, y deja a la capacidad del oyente la licencia de seguirla o interpretarla.

Esta *figura* es enfática, y supone una pasión grande, o mucha modestia en el orador. La vehemencia de las pasiones cortan muchas veces la palabra, porque su demasiada afluencia anega, digamos así, el corazón; al modo que la modestia inspira el silencio para hacer trabajar al discurso.

Véase aquello de David en uno de sus Sal*mos: Mi alma se ha turbado en gran manera. Mas tú, Señor, hasta cuando....?* Cicerón dice también. Yo no *vengo a combatir contra ti, porque el pueblo Romano.... No quiero hablar; no quiero ser tenido por arrogante.*

Un hombre vacilando entre acusar a su ofensor, o guardar silencio, dice: *¿Callaré mi afrenta, o publicaré....? ¿Si la callo, no será premiado el* *vicio? Si digo.... aprendamos a sufrir.* Cierto orador, lleno de arrepentimiento, quiere aterrar de esta suerte a su auditorio. *Nos abandonas....? Señor! Aquí postrados... yo me horrorizo.... tuyos somos.*

Énfasis

Es aquella figura, por medio de la cual pocas palabras dan a entender muchas más cosas de las que dicen, y aun a veces las que no dicen.

Para que un pensamiento sea enfático, debe tener una expresión sencilla, breve, y natural; que encierre mucho en corto espacio, y ocupe por consiguiente la reflexión del oyente en concebir toda la extensión de las palabras, que en su sentido respectivo no la explican.

Así podemos decir que la idea enfática no es mas que una consecuencia sutilmente deducida de una idea general, que por su fecundidad se extiende a otras muchas.

Un célebre escritor, hablando de la credulidad con que un autor escribe la historia de su país, dice: *Es un hijo que pinta a su madre.* Otro orador, ponderando la indulgencia de Marco Aurelio con los que podían haber ofendido su potestad, dice: *Es que el filósofo siempre perdonó los agravios hechos al Príncipe.*

Del famoso Descartes dice otro: *Parece que la Providencia le condenó a ser grande hombre;* como quien dice, a ser objeto de las contradicciones que siempre han padecido las almas extraordinarias. César, queriendo animar al barquero que le pasaba del Epiro a Italia, en medio de la tempestad le dice: *No temas: llevas a César:* esto es, al que la fortuna acompaña.

Así como hay expresiones que significan más de lo que por sí dicen, las hay que no significan lo mismo, que dicen; tales son cuando decimos: *El que no tiene hombre no es hombre;* esto es, el que carece de valedor no hace fortuna. También decimos: *Pedro tiene buenos brazos,* por buenos protectores.

Obtestación

Esta figura fuerte, que pertenece al género sublime y patético, se comete cuando el orador pone por testigos de los hechos que refiere, o de la verdad que sostiene a Dios, los hombres, los cielos, la naturaleza, etc.

Así dice Cicerón en defensa de Sextio: *Tú, patria; vosotros, Penates y patrios Dioses, a todos llamo por testigos de que si yo evité el combate y*

II. FIGURAS DE SENTENCIA 155

reservé mi vida, sólo fue por la defensa de vuestros tronos y de vuestros templos, y por la salud de la patria, que siempre preferí a la mía propia.

El mismo Cicerón en la oración por Milón, para demostrar que la muerte de Clodio fue un justo castigo del cielo irritado de sus impiedades, dice: *Yo os atesto e imploro, túmulos de Alba, que Clodio profanó; respetables bosques que ha destruido; sagrados altares, vínculo de nuestra unión tan antiguo como la misma Roma, sobre cuyas ruinas la impía mano que os demolió ha levantado estos enormes edificios; vuestra religión violada, vuestro culto abolido, vuestros misterios poluidos, vuestros Dioses ultrajados, han hecho en fin brillar su poder y su venganza.*

Demóstenes, después de la batalla de Cheronea, quiere justificar su conducta, y alentar a los Atenienses intimidados y abatidos por esta derrota, diciéndoles: *No compañeros, no; vosotros no habéis faltado: júrolo por los manes de estos grandes varones, que combatieron por la misma causa en los llanos de Marathon, en Salamina, y delante de Platea.* En lugar de decir, que el ejemplo de esfos ilustres muertos justificaba su conducta, empieza por la *conduplicación,* y lo prueba con una patética *obtestación.*

Commoración

La *commoración,* en latín *expolitio,* es cuando una misma idea vestida de varios adornos se presenta por diferentes aspectos y con distintas expresiones.

Esta figura se distingue de la sinonimia, que acumulando palabras sobre palabras, destruye la precisión, y fuerza del estilo. Una falsa idea de amplificación es la que precipita a muchos escritores en esta vana y pueril verbosidad que se hereda de las aulas y colegios.

¿Qué nombre daremos a esta infeliz prodigalidad de palabras y expresiones que muchas veces, se excluyen las unas a las otras, o si se unen, todas no dicen mas que una? Dice un orador a su auditorio: No *había hasta ahora en este pasto quien tomase por asunto el consuelo de esta queja, el alivio de esta melancolía, el antídoto de este veneno, y la cura de esta enfermedad.* Todas estas expresiones, sólo tolerables cuando guardan gradación, no hacen mas que debilitar el pensamiento simple y principal. Lo mismo diremos del otro que empieza: *La alegría que tienen, el gozo que disfrutan el placer que sienten, el deleite que experimentan los ricos.* A esto llaman *sinonimia* los niños, y los hombres mas débiles que niños.

Este lujo bárbaro de expresiones superfluas sin presentar una idea nueva, hará siempre difuso, lánguido, y uniforme el estilo. El modo más racional de exornar el discurso es amplificando la idea principal con las accesorias.

La *commoración* debe unir pensamientos, no palabras: debe variar una idea profunda u oscura por diferentes modos de presentarla, a fin de desenvolverla, ilustarla, y hacerla más perceptible y eficaz. Los asuntos que han de mover y enternecer pueden necesitar de esta figura, porque la abundancia y variedad de expresiones llegan a veces a calentar el corazón. Últimamente la *commoración* debe ser más bien una multitud de pensamientos sacados de un mismo objeto, aunque no idénticos, que un mismo pensamiento refundido y retocado.

Veamos como un sabio escritor exorna y amplifica este pensamiento principal: *En la naturaleza del hombre reinan dos principios, el amor propio para excitar, y la razón para retener: ambos caminan a su fin, el uno mueve, y el otro gobierna. El amor propio origen, del movimiento, impele al alma, la razón tiene la balanza y lo arregla todo. Sin el amor propio el hombre no podría obrar; y sin la razón no obraría con un fin. El principio que mueve debe ser más fuerte: él es el que obra, el que inspira, impele, fuerza; el principio que gobierna es más tranquilo: este debe proveer, deliberar, y contener.*

Congeries

Esta *figura*, propiamente es una aglomeración de cosas distintas, que se puede mirar como compendio o recopilación de la materia antecedente; así es más propia para epílogo del discurso, y pide una dicción rápida y concisa.

Un elocuente orador, en elogio de un gran Capitán, para pintar de un rasgo la grandeza de su valor y de su alma, amontona circunstancias de esta manera: *El fuego de la artillería, la mortandad de los vencidos, el estrépito de las armas, el tumulto de los combatientes, el clamor de los moribundos, el polvo de las evoluciones, todo ello fue un espectáculo para su alma, siempre tranquila en medio de los riesgos.* Otro, hablando del universal sentimiento que causó la muerte de un Príncipe desgraciado, dice en conclusión: *Parientes, extrañas, amigos, y enemigos todos lloraron su muerte.*

Para probar que las costumbres valieron más que las leyes en la República Romana, reune cierto escritor estos ejemplos: *La firmeza de Bruto, la buena fe de Régulo, la modestia de Cincinato, la sobriedad de Fabricio, la castidad de Lucrecia y Virginia, el desinterés de paulo Emilio, la paciencia de Fabio, he aquí las mejores leyes de Roma.*

Otro, en el epílogo del elogio del Duque Sajonia, dice: *Muere Mauricio: y aquel que fue elegido Soberano por un pueblo libre; el que había sido colmado de tantos honores; que había ganado tantas batallas, tomado y defendido tantas plazas, vengado, y vencido santos Reyes; el que había sido el ídolo de la nación y el terror de todas, al momento de morir compara su vida con un sueño.*

Prosopopeya

Esta *figura*, sublime y patética al mismo tiempo, es de las que dan mayor fuerza y viveza al discurso, donde el orador introduce los ausentes, los muertos, los entes inanimados o insensibles dotados de la facultad de la palabra, y del juego de los afectos.

Estas especies de ficciones, para ser bien recibidas, exigen gran fuerza de elocuencia; porque las cosas extraordinarias, increíbles, y preternaturales nunca pueden causar un efecto mediano: necesariamente, han de hacer una profunda impresión, porque exceden lo verdadero, o han de mirarse como puerilidades, porque son falsas.

Por otra parte los discursos puestos en boca de los personajes que no existen, o de entes personificados hacen una impresión muy diferente de la que harían los del orador reducido a su simple exposición.

El uso de esta *figura* es excelente para expresar toda especie de caracteres personales, sin nombrarlos, ni ofender a los sujetos, por la precaución artificiosa del orador, que pone en cabeza agena las verdades que quiere inculcar, o los vicios que intenta reprehender. Las amenazas, las reprehensiones, el terror, las súplicas, y las invectivas perderían casi todo su efecto en boca del orador, que en vez de convencer y aterrar, ofendería acaso los oyentes, e irritaría el amor propio. Ningún hombre se indigna contra una piedra, un muerto, ni un ente moral; pero se ofende de otro hombre.

Cicerón contra Catilina introduce en su discurso a la patria, y pone en su nombre estas palabras: *Así te habla, Catilina, la patria, y en su silencio te dice: en tantos años no he visto maldad que tú no la hayas cometido: No he visto calamidad que no haya venido por ti.*

El Cicerón de la Francia, en la oración fúnebre de un alto personaje, previene a sus oyentes que lo que va a decir en su elogio es la verdad: *Entonces este sepulcro se abriría, estos huesos se juntarían otra vez para decirme, ¿a qué vienes a mentir por mí, yo que jamás por nadie he mentido? Déjame reposar en el seno de la verdad: no vengas a turbar mi paz con la adulación que siempre aborrecí.*

Un elocuente orador en el elogio fúnebre del Mariscal de Turena, comparando su muerte a la de judas Macabeo, dice: A *estos gritos Jerusalén redobló su llanto, las bóvedas del templo se estremecieron, el Jordán se pasmó, y en todas sus orillas resonó la voz de estas lúgubres palabras: ¡Cómo ha muerto este hombre fuerte que salvaba al Pueblo de Israel!*

Otro célebre orador en el de Descartes así consuela a los sabios perseguidos, y calumniados en vida: *Ved la posteridad que viene cargada de las ofrendas de la verdad y la gratitud para depositarlas en vuestras manos, y os dice: Hijos míos, enjugad vuestras lágrimas; aquí vengo a consolaros, para haceros justicia y acabar vuestros males: yo doy vida eterna a los grandes varones; yo soy la que he vengado a Descartes contra los que lo ultrajaban; yo la que he exterminado a los calumniadores y los hombros que abusan de su poder; yo la que miro con desprecio esos mausoleos levantados en los templos a los que no fueron más que poderosos, y la que venero como sagrada la tosca piedra que cubre las cenizas del sabio. Hijos míos, acordaos que vuestra alma es inmortal, y que lo será vuestro nombre.*

Ethopeya

Es la *ethopeya* aquella pintura, o retrato fiel de una persona considerada en sus acciones, carácter, y costumbres. Esta figura que tiene mucha valentía, nobleza y elegancia, pide rasgos cortos y fuertes, y un colorido vivo. Pondremos por ejemplos dignos de ser admirados, si acaso son imitables, algunas pinturas características y morales de personajes famosos.

DE OLIVERIO CROMWEL.

La Inglaterra, después de las horribles convulsiones, terminadas por el más negro atentado, cayó en manos de un soldado afortunado y fanático profundamente feroz, melancólico, hipócrita intercadente en sus medios, pero constante en su plan, alma de sus confidentes, terror de sus propias guardias; hombre en fin que no tuvo otra unión con los demás hombres que una impulsión predominante con que se los hacía compañeros en los crímenes, de los cuales solo él sacaba fruto. Este hombre supo hasta el fin conservar su poder y su cabeza oprimiendo a su nación con el terror, y a las demás con la autoridad de su nombre. De él se ha dicho, que con algunas virtudes más hubiera sido un héroe; dígase mejor, que con algunos vicios menos hubiera sido un hombre.

DEL CARDENAL RICHELIEU

Véase este hombre, que levantó la cabeza en medio de los huracanes de su siglo; este ministro, que con una alma osada y un entendimiento tenazmente imperioso, fértil en expedientes insidiosos, y político sublime en el sentido que entonces se daba a esta palabra, ató siempre el proyecto de su propia grandeza con la preeminencia de su nación. Tirano de los grandes dentro del Reino, y aliado de los pequeños de afuera, descontentó y dominó todas las Testas coronadas; y empezando a hollar los pueblos, preparó el reinado de la opresión. Con el carácter de soldado bajo el hábito de Sacerdote, no tuve ni las virtudes de éste, ni los vicios de aquel estado. Este hombre sanguinario disipó con el terror todas las empresas facciosas que podían conspirar a su ruina; y su orgullo, que jamás se derramó aunque siempre rebosase, aprovechó para su gloria el curso, y hasta la casualidad de los acontecimientos. Este ministro tiránico, al paso que en su Reino castigaba las conjuraciones, las fomenta en los extraños; y el que se abroga el título de protector de la Europa, es el mismo que se atribuye la gloria de haber sido autor de sus calamidades.

DE LUIS XIV REY DE FRANCIA

El templo de Jano se cierra casi en toda la Europa: en esta época se presenta en su centro un Príncipe, que por cualquiera lado hace difícil su imitación. Nunca ha habido quien como él supiese ser lo que debe ser el hombre cada día y cada instante. Fue un carácter que salió perfecto de las manos de la naturaleza, modelo acabado del arte de mandar, que hubiera estado fuera de su lugar siempre que no hubiese estado en el primero. En fin era hombre vaciado en su molde propio, cuyo porte y modo llenaban la idea de un Monarca grande. Era noble hasta en sus placeres; se explicaba con la brevedad que pide el mando, y la exactitud que dicta la prudencia: afable, modesto, cortés, tan galante en sus acciones como en sus dichos: en fin todas sus cosas llevaban el sello de la dignidad y la nobleza. El ídolo de su entendimiento fue siempre una gloria imperiosa, el de su alma la autoridad, y el de sus gustos el galanteo; pero la dignidad de sus costumbres, la rectitud personal, y su constancia, a más de los dones de la fortuna, lo harán siempre un hombre muy raro entre los hombres. Fue magnífico protector de las artes: idolatrado de aquella parte de su nación que le veía, y admirado de la que no podía verle; los pueblos extranjeros venían a contemplar un hombre de quien traían la imaginación llena, y llevaban más llena la memoria.

---

1. El dogma destructor y triste del fatalismo parece que ha plagado una gran parte de la tierra, y del gentilismo en su más remota antigüedad.

APÉNDICE

DE ALGUNOS LUGARES ORATORIOS PROPIOS PARA LA ELOCUCIÓN

Aunque los retóricos han colocado la definición, la similitud, y la comparación en la clase de los lugares oratorios por lo que respecta a la *invención*; el las mirarnos como adornos y hermosuras del discurso, veremos que la elocución saca un gran esplendor de estas composiciones. Los escolásticos definen, asemejan, comparan; pero los oradores lo hacen con dignidad y grandeza.

DEFINICIÓN

La definición oratoria no es una seca y didáctica explicación de la propiedad, género, o diferencia de las cosas; es una abundante y exornada explicación del objeto que nos proponemos definir por varios modos, propiedades, y circunstancias.

Unas definiciones son más sostenidas y circunstanciadas; otras más rápidas y precisas avivadas muchas veces con un colorido fuerte y brillante. Pero en todas puede entrar el uso de las figuras, como adornos y gracias de su composición. Así definimos una cosa de muchos modos, y son las siguientes.

POR LAS CAUSAS.- La ley es el órgano saludable de la voluntad de todos con el fin de restablecer el derecho de la libertad natural entre nosotros: es una voz divina destinada para dictar a cada ciudadano los preceptos de la razón pública: es en fin la ley la que da a los hombres la libertad con la justicia.

POR LA ETIMOLOGÍA.- La palabra virtud se deriva de *virtus*, fuerza, porque la fuerza es la base de toda virtud. ¿El hombre virtuoso no es aquel que sabe subyugar sus pasiones? Luego la virtud es el dote de un ser flaco por naturaleza, y fuerte por la voluntad.

POR COMPARACIÓN.- La hipocresía es un homenaje que el vicio tributa a la virtud, como el de asesino de César, que se postró a sus pies para matarle con más seguridad.

POR METÁFORAS.- La justicia civil y la militar son los dos brazos de la autoridad suprema: la primera apacigua el furor de las ofensas, endereza los yerros de la ignorancia, desentraña los subterfugios de la codicia; la segunda es una muralla contra la violencia abierta. Son en fin, la una el órgano de la paz, y la otra el horror de la guerra.

POR LOS EFECTOS.- ¿Qué otra cosa es la embriaguez que la perturbación del cerebro, la estupidez de los sentidos, y el desenfreno de la lengua; un combate del cuerpo, un naufragio de la castidad, el borrón de la honra, y un embrutecimiento del alma?

POR NEGACIÓN.- El héroe gentil, que comúnmente pintan las historias, no es siempre un hombre justo, prudente, ni templado. No temamos afirmarlo: muchas veces el heroísmo ha debido su brillantez a los ojos del mundo al menosprecio de estas tres virtudes; y si no dígase, ¿qué serían Alejandro, César y Pirro mirados por este lado? Con algunos vicios menos acaso hubieran sido menos célebres, porque la gloria caduca fue siempre el premio de aquellos Conquistadores; mas las virtudes tienen otro eterno reservado.

SIMILITUD

La similitud es aquella conformidad que dos cosas, aunque de distinta naturaleza y categoría, tienen entre sí por la analogia de alguna propiedad, efecto, causa, u otra circunstancia que sea impropia, o figuradamente común a entrambas.

Así se pueden asemejar el hidrópico, y el avaro, aunque tan diferentes entre sí, que el uno padezca enfermedad física, y el otro moral; porque este último, por aquella sed del oro en sentido metafórico o translaticio, es semejante al primero por la otra sed de agua en sentido propio y recto.

Por lo mismo entre el sol y la filosofías dos objetos tan distantes por todos los respetos y propiedades, hay una clara semejanza, en cuanto la última ilumina en sentido figurado a los hombres, al modo que el primero alumbra la tierra en sentido propio.

Pero es de advertir que el objeto de que se saca el término de la similitud en el sentido translaticio, es siempre el asemejado; y el que da este mismo término en el sentido propio y natural es el modelo con que se coteja. Por esta razón la filosofía en el último ejemplo es el objeto asemejado.

Las similitudes, como las comparaciones, son un espacioso campo de pensamientos: los efectos de la naturaleza, los fenómenos celestes, el espectáculo de la tierra, el teatro de la física, de la historia, y de la fábula presentes a la memoria, sugieren a una infeliz imaginación infinitos rasgos. Pero el gusto, que todo lo sazona, consiste en emplearlos, oportunamente, y servirse siempre de los más fuertes y brillantes; porque los símiles exigen gran caudal de invención, mucha valentía, y un pulso maestro en la elección de objetos, siempre los más nobles y sencillos.

Estos objetos suponen en el hombre una memoria abundantemente poblada de imágenes de toda especie, y unas en particular de imágenes grandes: y como éstas entran por los ojos, los del orador o escritor elocuente deberían haber visto los grandes espectáculos del mundo.

Podrá ser feliz, atrevido, y fecundo en símiles el hombre que haya paseado la tierra, corrido los mares; el que, por ejemplo, desde las altivas cumbres de los Alpes, puesta casi toda la Europa a sus pies, haya seguido de una ojeada el curso del Po, del Ring, y del Ródano, haya contemplado aquellas pirámides eternas de nieve, sus manantiales cristalinos, y olorosos vegetales; el que haya visto la espantosa erupción de los volcanes, penetrado en la silenciosa soledad de las selvas, naufragado entre la cólera de un océano furioso, estremecídose en medio de los cóncavos y valles entre las reverberaciones de los relámpagos, y repercusiones del trueno; en fin el que haya visto el mundo, y palpado sus prodigios. Creo que no desmerecen nuestra atención los ejemplos siguientes.

I

De los maldicientes detractores de los hombres insignes, dice un escritor: "Estos enemigos natos de las almas superiores, y envidiosos de la gloria que ellos no merecen, son semejantes a aquellas plantas viles que sólo crecen entre las ruinas de los palacios; pues no pueden levantarse sino sobre los destrozos de las grandes reputaciones.

II

Las crueldades de Domiciano habían aterrado de tal suerte a los Gobernadores, que el pueblo Romano pudo en su reinado restablecerse un poco; del modo que un rápido torrente, destruyéndolo todo en una orilla, va dejando en la otra una vega donde verdean hermosos prados.

III

El tiempo ha destruido las opiniones de Descartes, pero su gloria subsiste; semejante a aquellos Reyes destronados, que aun sobre las ruinas de su imperio parecen nacidos para mandar a los hombres.

Otras veces un mismo objeto tiene dos términos de semejanza diferentes, o bien contrarios entre sí, pero cada uno relativo a la cosa asemejada. Como lo de aquel poeta, que dice: *Ya los dos nos parecemos al roble que más resiste: tú en ser dura, yo en ser firme.*

También se puede avivar la *imagen,* añadiendo a una semejanza otra mayor, que si observan gradación realzan el pensamiento. Como aquel que dijo del martirio de San Lorenzo: *Te recreas como la salamandra, o más bien, renaces como fénix de Cristo entre las llamas.* Alguna vez se ponen dos objetos de similitud opuestos entre sí por el término que los asemeja. Así dice uno: *Oh! mal terrible, que naciste como el fénix, y acabaste como el cisne.* A este tenor otros muchos.

Pero la gravedad de la verdadera elocuencia proscribe todas las similitudes nominales, como son las que juegan sobre paranomasias, etimologías, y alusiones falsas: conceptillos pueriles y superficiales, indignos de la oratoria, y sólo tolerables en los versificadores de agudezas.

Tampoco deben sacarse las *similitudes* de objetos bajos o sórdidos, ni de cosas oscuras, demasiado sutiles o abstractas: en los primeros quedan ofendidas la nobleza y la decencia; y en los segundos la claridad y energía.

Todo el mérito de la similitud consiste en elegir la imagen más viva y representativa de la circunstancia que uniforme dos cosas con más propiedad; pues siempre se debe buscar aquel objeto que tenga el término o adjunto de la semejanza más natural y estrecho con la cosa asemejada. Porque aunque muchas cosas se parecen, hay más estrecha conformidad entre unas, que entre otras; y aun entre las primeras se halla uno de sus términos de semejanza más idéntico que otro.

El orador que quiere hacer sus pensamientos más sensibles, elige los símiles más naturales, fuertes y enérgicos. Por ejemplo: el mármol tiene *la frialdad y la dureza* como dos términos de semejanza; pero posee la última en grado superior, y sin depender de accidente alguno. Luego por este lado ha de servir de término al cotejo de una cosa *dura,* y no por el otro al de una *fría;* porque ésta se puede asemejar al *hielo,* cuya frialdad es más intensa, y natural.

También hay términos de semejanza, no propios sino metafóricos. Así decimos alguna vez: *Está dormido como una piedra.* La piedra, que es el objeto de la semejanza, no puede dormir siendo un ser inanimado; sólo representa figuradamente un sueño profundo por su inmobilidad e inercia; y aquí se toma por objeto de una similitud más enérgica, en cuanto una masa de piedra parece lo más distante de las funciones de un animal despierto.

DISIMILITUD.- Cuando el término, que debía ser él vínculo de la analogía entre dos objetos, es al contrario el de desconformidad u oposición, entonces se comete la *disimilitud*. En sentido contrario, se pueden aplicar las mismas reglas dadas para la similitud; aunque siempre es de uso menos frecuente.

Clases de símiles

Al género de los *símiles* pertenecen los *emblemas, los símbolos, y los jeroglíficos,* que son otras tantas pinturas parlantes, o representaciones alegóricas de los objetos que la elocuencia quiere hacer más visibles y palpables.

EMBLEMA.- Es la *esperanza el primer móvil del hombre, y al lado de ella está el temor: este es el reverso de la medalla.* La imagen se saca aquí de la numismática.

SÍMBOLO.- *¿Qué vemos en este rebaño? Muchos perros y pocos pastores. No hay cosa que mejor signifique el gobierno aristocrático.* Aquí se saca del estado pastoril.

JEROGLÍFICO.- *Contempla este león, voz cede a la mano que te alaga, y a la que le amenaza, y verás representado el altivo Monarca que ama y teme la religión.* Aquí la imagen se saca de la historia natural.

COMPARACIÓN

La comparación es aquella confrontación que se hace de dos objetos por alguna circunstancia o propiedad común e idéntica entre ambos: pero, a diferencia de la similitud, el término o vínculo de la *comparación* tiene un sentido propio y natural para las cosas comparadas, y nunca figurado.

Así diremos por comparación: *Nace el bruto, y nace el héroe; y como mortales mueren ambos.* Aquí las acciones de *nacer y morir,* que son los términos de la comparación, tienen un sentido propio para los dos individuos; cuando por similitud diríamos: nace el hombre y nace el sol.

Cuando un objeto se nos ha mostrado con circunstancias, o accesorios que lo engrandecen, nos parece noble: y esto se experimenta sobre todo en las comparaciones, en que el entendimiento debe siempre ganar extensión; porque aquellas circunstancias han de añadir alguna cosa, que haga ver más grande la primera; y si no más grande, alomenos más fina y delicada. Pero es menester no presentar una conformidad baja, o indecorosa que el alma del oyente hubiera ocultado cuando la hubiese percibido.

Por otra parte, como aquí se trata de mostrar cosas finitas, gustamos más de ver comparar un modo con otro modo, una acción con otra acción, que una cosa con otra cosa, como un *guerrero* con un *león,* una *beldad* con un *astro,* un *hombre veloz* con un *ciervo.*

Es fin la comparación se forma de tres modos diferentes, ya comparando de mayor a menor, de menor a mayor, y de igual a igual.

DE MAYOR A MENOR
Una acción con otra

Si el intrépido César tembló en Dirrachio, y se estremeció en Munda, ¿cómo el soldado tímido y afeminado conservará firmeza a vista de una brecha?

Una cosa con otra

Un gran Príncipe es un hombre raro: ¿qué será un gran legislador? El primero sólo debe seguir el modelo que propone el segundo: éste es el artista que inventa la máquina, y aquel el maquinista que la arma y pone en movimiento.

DE MENOR A MAYOR

Los primeros Cristianos corrían alegres a los cadahalsos del Paganismo a ofrecer su si vida por Cristo; y nosotros no podemos sufrir el martirio quimérico de la más ligera injuria.

DE IGUAL A IGUAL
Un modo con oro

Así como la *religión* pide manos puras para ofrecer sacrificios a la Divinidad, las leyes quieren costumbres frugales para tener que sacrificar a la patria.

Una acción con otra

En los estados despóticos de Asia, el efecto de la voluntad del Príncipe, una vez conocida, debe ser tan infalible, como el de una bola disparada contra otra.

Una cosa con otra

En cualquier tiempo una nación de héroes causaría infaliblemente su ruina, como, los soldados de Cadmo que se destruyeron unos a otros.

DISPARIDAD

La *disparidad* pertenece también, a uno de los géneros de comparación; y es aquella oposición o contrariedad que resulta de los adjuntos, modos, o acciones entre dos cosas que se carean.

Lo veremos en este ejemplo: "¡Qué acogida dio Trajano al mérito! En su reinado era permitido hablar y escribir con libertad, porque los escritores, heridos del resplandor de sus virtudes, no podían dejar de ser sus panegiristas. ¡Qué diferentes fueron Nerón y Domiciano! Éstos, tapando la boca a la verdad, impusieron silencio a los ingenios de los sables, para que no transmitiesen a la posteridad la ignominia y horror de sus delitos."

PARALELOS

Entre Cicerón y Catón

En Cicerón la virtud era lo accesorio; y en Catón la gloria. Cicerón se prefería a todo, y Catón se olvidaba siempre de sí: éste quería salvar la república sin otro interés; y aquel por el de su gloria personal. Cuando, Catón preveía, Cicerón temía: y donde el primero esperaba, confiaba el segundo. Catón veía las cosas a sangre fría, y Cicerón por entre cien pasioncillas."

Entre un sabio y un héroe

Todas las virtudes pertenecen al sabio; pero el héroe suple las que le faltan con el esplendor de las que posee. Las virtudes del primero son templadas, pero sin mezcla de vicios; y si el segundo tiene defectos, los borra la brillantez de sus virtudes. El uno, siempre sólido, nada tiene malo; y el otro, siempre grande, nada tiene mediano.

Finalmente advertiremos, que el objeto de toda comparación debe ser muy notorio, y al mismo tiempo insigne, tanto en el término o adjunto de la misma comparación, como en el sujeto con quien se compara. Así *Tito, Trajano, Marco Aurelio, Antonino, y Enrique IV de Borbón* serán modelos de comparación para Príncipes benignos, humanos, sabios, píos, y magnánimos; del modo que *Nerón, Calígula, Domiciano, Heliogábalo* para los crueles, bárbaros, atroces, y obscenos. Y si las heroicas acciones de *Codro, Decio, Régulo, y Curcio* son insignes objetos de comparación para los ciudadanos generosos que se han sacrificado por su patria, las de *Catilina, César, y Cromwel* lo serán para los ambiciosos que han querido esclavizarla.

Copyright © 2020 FV Éditions
ISBN EBOOK 979-10-299-0820-0
ISBN PAPERBACK 9798606733163
ISBN HARDCOVER 979-10-299-0821-7
Todos Los Derechos Reservados

www.ingramcontent.com/pod-product-compliance
Lightning Source LLC
LaVergne TN
LVHW091543070526
838199LV00002B/182